ミャンマー危機

選択を迫られる日本

永杉　豊
Yutaka Nagasugi

はじめに

ミャンマー連邦共和国――、その前身は旧ビルマ連邦（通称・ビルマ）である。

1989年のクーデターにより、政権を掌握した軍事政権が国名をビルマ連邦からミャンマー連邦（通称・ミャンマー）に変更し、2010年からは現在のミャンマー連邦共和国に改名した。

しかし第二次世界大戦のビルマを舞台に、現地で僧侶となった日本兵・水島を主人公とした映画『ビルマの竪琴』で初めてこの国を知った人には、ミャンマーよりもビルマという呼び方に親しみを感じる方も多いだろう。実は私もその一人である。実際にミャンマーの約70％を占める民族はビルマ族であり、公用語もビルマ語と呼ばれ、国民の9割が敬虔《けいけん》な上座部《じょうざぶ》仏教徒である。

ミャンマーは東側をタイとラオスに、西側をバングラディシュとインド、北東側を中国に囲まれ、ASEANと中国、インドを結ぶ交通ネットワークの要《かなめ》となる地理的位置を占めている。

ミャンマーの国土面積は約68万平方キロメートル（日本の約1・8倍）、そこに人口約5400万人の人々が住む。石油、天然ガスなどの天然資源に恵まれ、ルビーやヒスイなどの宝石は世界一の産出量を誇る。また国民の平均年齢は27・7歳と若く、豊富な人的資源にも恵まれている。

最大都市は人口500万人超のヤンゴン（以前のラングーン）で、2006年にネピドーへ遷都されるまではミャンマーの首都であった。国の中央部には、人口120万人の第2の都市マンダレーがある。それぞれ都市圏の人口を合わせると、両都市圏におよそ950万人の人口が集中する。

ミャンマーと日本の繋《つな》がりは古く、2月にクーデターを起こしたミャンマー国軍も戦前の旧日本軍と深い関係を持つ。このクーデターで拘束されたミャンマー民主化のシンボルと呼ばれるアウン・サン・スー・チー氏も、1985年10月から9カ月間、京都大学の客員研究員として日本に滞在している。ミャンマーの最高指導者に当たる国家顧問に就任した2016年には日本を訪問し、安倍前首相とも会談を行なった。

1962年から続いた軍事政権下では50年間にもおよぶ鎖国状態が続いていた。しかし、

2011年の民政移管後は「アジア最後のフロンティア」と呼ばれ、積極的な外国企業の誘致が行なわれて、日系企業も430社以上が進出している。衣類の縫製が主要産業の一つで、ユニクロを展開するファーストリテイリングの委託工場もある。民主化後は観光産業にも力を入れ、ピュー古代都市群やバガン遺跡群が世界遺産に登録され、日本を含む海外からの観光客が急増していた。

●ヤンゴンで「MYANMAR JAPON」を設立するまで

現在、私はミャンマーの最大都市ヤンゴンで、「MYANMAR JAPON」という会社を経営し、日本語情報誌「MJ BUSINESS」の発行とインターネットニュースの配信を行なっている。ミャンマー政府のメディアを統括する情報省の認可を得た正式なメディアで、ミャンマー現地のニュースに特化し日本語で配信する会社である。

私が初めてミャンマーを訪れたのは2013年1月のことであった。学生時代に起業してから、長年にわたりアパレル関係の事業を行なってきた。そして私が目を向けたのは世界の工場から消費市場として変化を始めた中国であった。

とりわけ駐在員や留学生など10万人を超える日本人が住む国際都市・上海には、日本の文化やファッションを好み、日本語が話せる中国人の若者も多く、大きな可能性を感じた。そこで私は、２０１２年11月に上海で日本の女性ファッション誌を発行する計画を実行に移すことにした。

２０１１年８月、私は上海の東華大学に留学する。当時日本でＩＴ系企業を２社経営していた私は、学生として中国語を学ぶかたわら、雑誌を立ち上げるための市場調査、スタッフの確保などの準備を始めた。

しかし留学して約１年後の９月11日、日本が尖閣《せんかく》諸島の国有化を発表すると、中国との間で尖閣諸島問題が勃発する。翌日、タクシーに乗ると運転手が持っていたタブロイド紙のトップには、日本列島に中国が大量のミサイルを撃ち込む合成写真が一面に掲載され、「大火焼掉小日本（激しい炎で日本を焼き尽くせ）」などの過激なタイトルが書かれていた。

中国国内ではかつてないほどの反日の嵐が吹き荒れ、各地でデモ隊によるイオンなどの日系スーパーへの襲撃、破壊、強奪が発生。日本の自動車メーカーの工場が焼き討ちに遭うなど抗議デモは中国全土に広がりを見せ、中国人の嫌日感情は最高潮に達していた。私もタクシーに乗ると、運転手に「お前は日本人か？」と聞かれても、「いや、韓国人だ」

と偽る日々が続いた。

●脱チャイナからミャンマーへと導かれる

突然のチャイナリスクの洗礼を受け、雑誌の発行は直前だったが中止とした。それに加え日系企業の間では、数年前から続く中国の人件費の高騰が大きな問題となっていた。知り合いの日本人駐在員たちと食事をすると、彼らの口からは工場やオフィスを人件費の安い東南アジアへと移転する「脱チャイナ」、「チャイナ・プラスワン」という言葉が盛んにささやかれ、すでに中国から撤退する日系企業も出始めていた。

そのような中、12月に日本へ帰国した際に、日本ミャンマー友好協会の事務局長と会食をする機会があった。彼は、「永杉さん、ミャンマーって凄《すご》くいいところだから、ぜひ1回行ってみてよ」と勧められた。その言葉を信じて、ミャンマーという国がどういうところかも知らないまま、私は翌月の2013年1月に観光として初めてミャンマーを訪れたのだ。

●古都・バガンの遺跡で運命的なインスピレーションを感じる

飛行機はまず、ミャンマーの最大都市・ヤンゴンに到着したのだが、あまりヤンゴンには魅力を感じなかった。しかし、そこから飛行機で1時間の古都・バガンを訪れた時に大きなインスピレーションを受けることになる。11世紀にビルマ族によって築かれた古都・バガンはスピリチュアルスポットとしても有名な場所である。

１０００年ほど前に栄えた遺跡には40㎢の大地に３５００基以上の仏塔が広がっていた。そこはすでに繁栄を終えた場所のはずなのに、時空を超越したような建物が立ち並ぶ。くずれ落ちそうな仏塔にも関わらず内部にはお釈迦さまが鎮座し、毎日新しい花が供えられている――今でも生き続けている文化遺産だと感じた。

古い寺院を巡っていると様々なインスピレーションが次々と湧き上がってくる。私は瞬時にバガンの虜《とりこ》となったのだ。

バガンからさらに飛行機で40分、中国との国境近くのシャン州にあるインレー湖を訪れた。そこは家も学校もお店も、仏塔も畑も、すべて湖の上にあるという幻想的な風景である。この世にこれほどまでにのどかで桃源郷のような村があるのかと、大きな幸福感に包まれる体験であった。

●アジア最後のフロンティアで「MYANMAR JAPON」を創刊

初めて観光で訪れたミャンマーだったが、同時に大きなビジネスチャンスがあるのではないかとのインスピレーションも感じていた。何よりもミャンマー人は非常に親日的で、私の感覚でほぼ100％の国民が親日だと感じるぐらい日本人に好意的であった。

翌月、上海の和僑会《わきょうかい》（海外の日本人企業家組織）メンバーと共に、再びミャンマーを訪問した。当時、日本でもミャンマーは注目され始めていたが、現地の情報がまったく不足していた。そこで私は、ミャンマーで情報誌を出すことを決断する。この時、ちょうど上海には創刊予定だったファッション誌のスタッフとしてライターやデザイナーがいたのだが、そのメンバーたちとならミャンマーで情報誌が発刊できるのではないかと考えついたのだ。

さっそく5月にヤンゴンで会社を設立し、翌月にはミャンマー初の月刊日本語情報誌「MYANMAR JAPON」を創刊することができた。上海でのファッション誌の創刊は中止としたが、ミャンマーで情報誌を発行することができたのは、バガンで感じたインスピレーションに従って、かの国へと導かれたおかげだといえる。

さらにもう一つ、非常に幸運な出来事があった。創刊号のトップインタビューに、当時のＪＥＴＲＯヤンゴン事務所の所長に登場してもらえたのだ。この時期多くの日本企業が「アジア最後のフロンティア」と呼ばれるミャンマーに注目しており、ヤンゴンのＪＥＴＲＯ事務所には毎月８００件以上もの来客があり、世界中のＪＥＴＲＯで最も忙しいと言われていた。

その所長に、まだ海のものとも山のものとも分からない情報誌の取材を快諾してもらえたことは有り得ないほどの幸運であった。おかげで、われわれは創刊号から情報誌としてのブランディングが確立でき、日系企業からの信用を得ることができた。

その後はミャンマーの大臣クラスであれば、ほぼ間違いなく取材にも応じていただけるほどの、信頼度ナンバーワンの情報誌として成長したのである。氏はまさに私の恩人の一人である。

すでに競合企業がひしめき血みどろの競争を繰り広げている中国の「レッドオーシャン」から、「アジア最後のフロンティア」と呼ばれ、経済発展に向けて本格的に舵《かじ》を切り始めたミャンマー。そこにはまだ誰も競争相手のいない広大な未開拓市場「ブルーオーシャン」が広がり、「MYANMAR JAPON」は新しいスタートを切ることができた。

●半年間の下痢が続く「ミャンマーの洗礼」は日本人の通過儀礼

会社の立ち上げは順調な滑り出しを見せたが、ミャンマーでの生活がスタートすると、観光で訪れた時とはまったく違う、ミャンマーの本当の姿が見えてきた。ミャンマーの観光のベストシーズンは乾季に当たる11月から2月なのだが、5月からは雨季に入り湿度も100％近くになる。

私が会社を立ち上げたのがまさにこの5月で、それに加えて当時のミャンマーでは停電が日常茶飯事だった。ひどい時には1日9時間も電気がストップした。エアコンが利かないサウナのような蒸し暑い部屋で過ごす生活は、暑さが苦手な自分にとっては耐え難いものであった。さすがに日本製の冷蔵庫であっても氷はすべて解けてしまうのである。

何よりもインターネット回線が信じられない遅さで、夜に日本へメールをすると翌朝やっと届いているというありさまだった。食事についても日本人にとってはなかなかハードな状況であった。当時、私は毎日ミャンマー料理を食べていたが、例えばカレーを注文すると、油で浸かったルーのカレーが出てくる。昔、ミャンマーが貧しかった頃、油はまだ貴重品で、お客様が来た時に、この貴重品である油を大量に使った料理でもてなすのが、ミャンマー人の習慣であったらしい。その伝統が現在のミャンマー料理にも引き継がれているのだ。

当時、ミャンマーに赴任したばかりの日本人は皆、原因不明の下痢に襲われ、それが半年も続く。これを「ミャンマーの洗礼」と呼び、駐在員の通過儀礼のようになっていて、私も御多分に漏れずこの洗礼を受けた。しかも私の場合は、その年の秋にはこれまた原因不明の眼病で左目付近が2倍の大きさに腫れることになった。原因は水道水で洗顔するからだと眼科医から言われ、絶句した。しかし不思議なことにこの期間を過ぎると耐性ができるのか、ローカルなミャンマー料理を食べても水道水で洗顔しても平気な身体になっていた。

ミャンマーに移住した当初は、先進国では想像もできないハードな出来事の連続であったが、経済の発展に合わせて外国人が急増することで、この国は生活面でも劇的な改善を見せていった。その後わずか数年後にはインターネットも急速にスピードアップし、日本と変わらない通信環境でビジネスができるようになった。ミャンマー料理店も外国人向けに味付けをアレンジした洗練された店が増え、日本人の口に合うミャンマー料理店が増えてきた。また、日本企業の進出により、駐在員向けの日本料理屋も増え、毎週日本から空輸される魚の刺身を提供する店、ミシュラン級の本格的な手打ちそばが食べられる店まで出店した。

●日本企業とミャンマー人スタッフの良好な関係

会社を設立した2013年度、ミャンマー日本商工会議所に加入している日系企業の数を見ると127社だった。しかしその後、2015年9月に日本とミャンマーが官民合同で開発したティラワ経済特別区が開業、2016年11月には、アウン・サン・スー・チー氏が日本を訪問し、安倍晋三首相（当時）と会談。日本から官民で8000億円規模の支援を取り付けたのに合わせて、日系企業の進出もさらに加速する。ミャンマー日本商工会議所に加入している日系企業の数も、2020年12月には433社にまで増加した。

「MYANMAR JAPON」の創刊時に、われわれは現地スタッフを採用し、これまで共に働いてきた。彼らは英語に加え日本語も堪能でとてもポテンシャルは高いのだが、長年続いた軍事政権の下ではほとんど実務経験がなく、一から仕事のやり方を教える必要があった。しかし地頭の良さと真面目な国民性もあり成長は早く、今では当社の貴重な戦力として働いてくれている。情報誌の発行と並行して、日系企業への賃貸不動産の仲介や人材紹介も行なうようになった。採用が決まったミャンマー人に日系企業で働くことが誇りだと感じてもらえ、ご両親も子供が日系企業で働くことを自慢に思っておられると聞くのは、日本人としては非常に嬉しいことだった。

2013年にバガンでインスピレーションを受けてから8年。ミャンマーに根を下ろし、生活面では苦労しながらも、民主化の下、ダイナミックに経済発展を遂げて行くこの地でビジネスを発展させてこられたのは非常に幸運なことであった。

●早朝のミャンマー人スタッフからの連絡でクーデターの発生を知る

「永杉さん、軍事クーデターが発生しました。アウン・サン・スー・チー氏も拘束されたようです」2021年2月1日、早朝。日本に戻っていた私は、突然ヤンゴンのミャンマー人スタッフから連絡を受ける。私は慌ててSNSを開き、最新の情報がアップされていないかチェックした。どうやらミャンマー国軍が軍事クーデターを起こしたのは事実のようだ。

私は再び現地スタッフに連絡を取ろうとしたが、この時、すでに国軍によりミャンマー全土のインターネットが遮断されていた。クーデターの理由は、２０２０年11月８日の総選挙で不正があったという口実で、アウン・サン・スー・チー国家顧問とウィン・ミン大統領ら閣僚を拘束、非常事態宣言が発令され、国軍総司令官であるミン・アウン・フライン将軍が、すべての国家権限を握ることになった。

２０１１年、テイン・セイン大統領の下、60年に及ぶ軍事独裁政権から民主化へと一気に舵を切り、「アジア最後のフロンティア」と呼ばれ、年率７％という目覚ましい経済成長を遂げてきたミャンマー。その民主化による発展がわずか10年で武力により押しつぶされ、再び軍政へと後戻りを始めることになるとは……。

●現地スタッフの逮捕を危惧し、発言を控えていたが……

軍事クーデターが起こった当日すぐに、大手のテレビ局や新聞社から次々と取材依頼の連絡をいただいた。しかしすべての依頼を丁寧にお断りした。もし私が日本のメディアで目立った発言した場合、自分自身はもちろん、現地にいる日本人スタッフやミャンマー人スタッフにまで危害が及ぶことを恐れたのだ。また、現地で情報誌を出版しているため、もし国軍に目をつけられれば情報省に免許をはく奪され、会社が閉鎖に追い込まれる危険もあった。

国軍のクーデターに対し、ミャンマー市民は無抵抗デモとCDM（市民不服従運動）で対抗を続ける。しかし国軍は2月13日、「市民のプライバシーと安全保護法」を一時停止。この法律を元に裁判所の許可なしで市民を逮捕したり家宅捜索したりするようになった。

そして、情勢は悪化の一途を続けるばかりか、3月3日には国軍がデモ隊に発砲し全国で38人が死亡。市民による軍への抵抗が始まって以来、最悪の死者数となった。もはやデモ鎮圧ではない。国軍による市民への虐殺と変わり果てていた。

この惨状を見て私も腹をくくる。情報誌からはスタッフクレジットを消し、編集者として私の名前のみを残し、国軍による市民への不当逮捕、射殺という「客観的な情報」を掲載することにした。

日本語のニュースサイト「MYANMAR JAPONオンライン」では、市民の虐殺など国軍の非人道的行動を配信することにした。日本のメディアの取材も承諾し、3月上旬からは日本テレビの「ミヤネ屋」やTBSの「News23」「ひるおび！」などに出演し、ミャンマーの現状を解説させてもらった。

●今回のデモは過去の「8888」民主化運動、「サフラン革命」とは違う

ミャンマーでは1962年の軍事政権誕生後、民主化を求めた1988年の「8888」民主化運動と、僧侶まで加わった2007年の反政府デモ「サフラン革命」という、2回の大規模な民主化運動が起こっているが、すべて軍による武力で鎮圧されてきた。そのため、今回も過去のデモと同じように国軍により制圧され、過去の軍事政権に逆戻りすると考える人も多いかもしれない。しかし今回の市民デモは過去の民主化運動とは明らかに違う。すでに10年間の民主主義を経験したミャンマー国民は、逮捕や死刑となっても国軍と闘う覚悟を持ってデモに参加しているからだ。

メディアに関しては、クーデター以降に拘束された報道関係者の累計が90人近くに達した（2021年6月10日現在）。すでに8社のメディアが免許はく奪、編集者は逮捕・拘束されている。4月18日には日本人のフリージャーナリスト北角裕樹氏が国軍に拘束され、日本のニュースでも報じられた。彼は6年ほど前「MYANMAR JAPON」の編集スタッフだった。今や、国軍は外国メディアであろうとも容赦なく逮捕、拘束を行なうよ

うになったのだ。

現在も「MYANMAR JAPON」は「ミャンマーで今、起こっている真実」を報道し続けているが、もし私がミャンマーに再入国したら「虚偽ニュースを広めた疑い」で、間違いなく国軍に拘束され、禁錮《きんこ》3年の懲役、場合によっては国家反逆罪により死刑を宣告されるかもしれない。もちろん、ヤンゴンのスタッフたちにも危害が及ぶ可能性が高い。

しかしミャンマーで情報メディアを立ち上げ、ミャンマー人、日本人スタッフと共にニュースを伝えてきた自分が、現状に口を瞑《つむ》っていることはもはやできない。

なぜミャンマー国軍は、こんなに残虐な市民の虐殺を行なっているのか。なぜそれでもなおミャンマー人は抵抗を続けるのか。大手のメディアニュースだけでは分かりづらい、ミャンマークーデターのすべてと背景をこれからお伝えしよう。

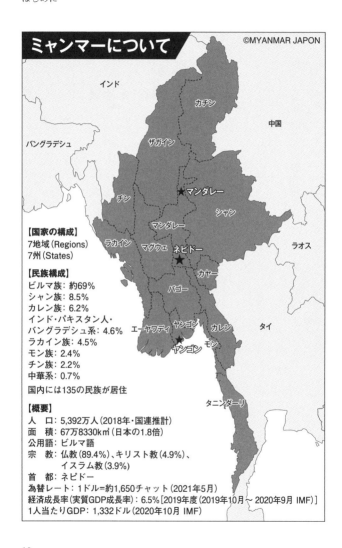

ミャンマーについて

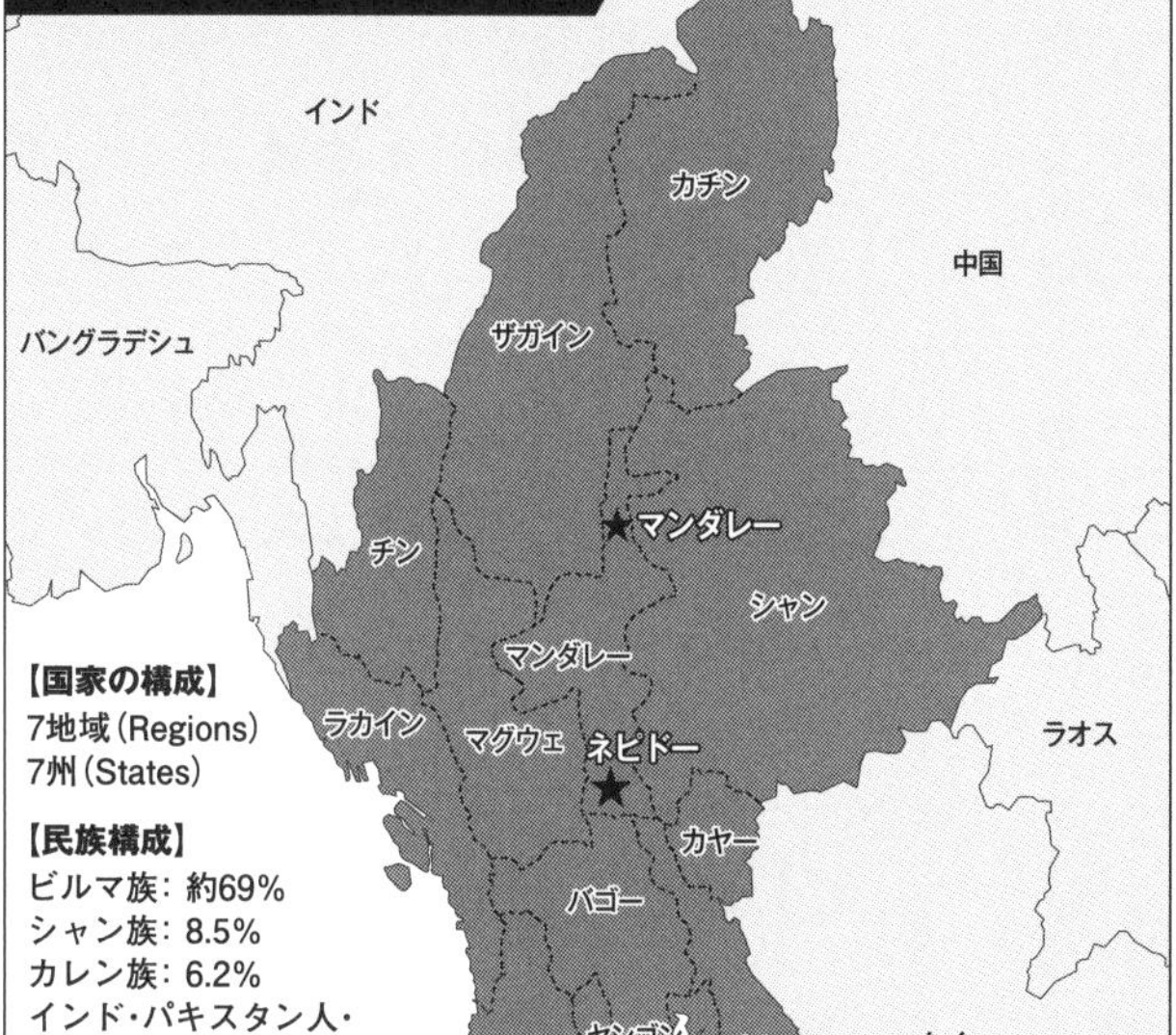

【国家の構成】
7地域(Regions)
7州(States)

【民族構成】
ビルマ族：約69%
シャン族：8.5%
カレン族：6.2%
インド・パキスタン人・
バングラデシュ系：4.6%
ラカイン族：4.5%
モン族：2.4%
チン族：2.2%
中華系：0.7%
国内には135の民族が居住

【概要】
人　口：5,392万人(2018年・国連推計)
面　積：67万8330k㎡(日本の1.8倍)
公用語：ビルマ語
宗　教：仏教(89.4%)、キリスト教(4.9%)、
　　　　イスラム教(3.9%)
首　都：ネピドー
為替レート：1ドル=約1,650チャット(2021年5月)
経済成長率(実質GDP成長率)：6.5%[2019年度(2019年10月～2020年9月 IMF)]
1人当たりGDP：1,332ドル(2020年10月 IMF)

目次

第二章　無抵抗デモを続ける市民を無差別発砲で虐殺

第三章　Z世代を中心に団結する無抵抗デモ

第一章　6年前から計画されていたクーデター

●軍によるクーデターの予兆はすでに5日前からあった

「総選挙の不正問題を解決しないのなら国軍がクーデターを起こさないとは言えない――」

2021年1月27日、ヤンゴンの編集部からニュース配信用に送られてきた一本の記事に私の目が止まった。前日の1月26日に行なわれた国軍による記者会見内での、ミャンマー国軍報道官ゾー・ミン・トゥン少将による発言だ。

昨年の11月8日、アウン・サン・スー・チー氏が率いる民主派政党「国民民主連盟（NLD）」が476議席中396議席と8割以上を獲得する圧勝を収めた総選挙で、「民主的な総選挙の有権者名簿をめぐって酷《ひど》い不正があった」と、国軍は主張し続けてきた。

この日の記者会見でも、「我々がIT専門家の協力を得て有権者名簿や投票結果を分析したところ、850万人分（後に1048万人に修正）の投票に不正の疑いがあることが分かった。それを裏付ける資料を本日公開している。メディアはきちんと報道してほしい。連邦選挙管理委員会であれ、連邦政府であれ、総選挙の責任者はこの問題を解決すべきだ。沈黙していると歴史的犯罪者になる」と警告した。

会見ではさらに朝日新聞のミャンマー人記者から「国民の間で国軍がクーデターを起こすのではないかとの疑念が広がっている。国軍はクーデターを起こさないと断言できるか」と質問が飛んだ。

これに対してゾー・ミン・トゥン少将は「国軍は憲法や現行の法律の範囲内でクーデターを起こさないとは言えない。憲法の規定を読めばクーデターを起こして全権を掌握できることが分かるだろう。我々はクーデターを起こすとは言っていないし、起こさないとも言っていない」と回答した。この発言にミャンマー国民の動揺が広がった――。

この記事を配信した後、発言の内容についてさらに調べてみる。現地の政治評論家マウン・ニャン氏は、「この国軍の発言は国民に対する脅迫だ。もし憲法を無視してクーデターを起こせば、国軍は歴史に汚点を残すことになるだろう」と批判している。私は可能性が0%だとは確信できず、翌日からミャンマー人の経理スタッフを銀行へ走らせ、可能な限りのUSドルを口座から引き出させた。

そして2月1日、国軍は不正選挙で選ばれた議会は開催できないとクーデターを起こす。本来なら総選挙後初めての議会が開かれる予定だったこの日未明、首都ネピドーで国軍によって、アウン・サン・スー・チー国家顧問兼外相とウィン・ミン大統領、NLDの幹部ら40名余りが拘束された。スー・チー氏は自宅軟禁されているという。スー・チー氏の逮捕・起訴理由は無線機を違法に輸入したこと、ウィン・ミン大統領は選挙中にコロナ禍で禁止されている握手をしたとして、どちらも選挙の不正とは何ら関係ない罪である。ネピドーでは携帯電話によるモバイルネットワークが遮断され、Ｗｉ‐Ｆｉによる通信も閉ざされたという。さらに、国営放送のテレビとラジオの通常放送が出来なくなった。

この日の午前中には、ミャンマー国軍は「軍が国家の権力を掌握した」と宣言。ミャンマーの国軍系テレビからは1年間の「非常事態宣言」が発令されたと伝えられる。国軍出身のミン・スエ副大統領が臨時大統領に就任し非常事態宣言を発出、立法・行政・司法の全権がミン・アウン・フライン国軍総司令官に移譲された。

2月2日に行なわれた第1回目の国軍による閣議においてミン・アウン・フライン国軍総司令官は、政権奪取（クーデター）は法律に従い事前に考えていたこと、国軍が何度も緊急議会の開催や総選挙の有権者名簿の不正・不備の問題を解決するよう要求したにも関わらず政権側が拒否したこと、不正に関する確固たる証拠があること、そのため「やむを得ない状況により政権を奪取せざるを得なかった」と主張した。

２０１５年にアウン・サン・スー・チー氏が率いるＮＬＤが総選挙で圧勝し、民主化の

国軍により拘束されたアウン・サン・スー・チー国家顧問兼外相

クーデターにより政権を奪取したミン・アウン・フライン国軍総司令官

歩みを加速させてきたミャンマー。その第2期の5年間が幕を開けるはずの日の議会は、国軍のクーデターにより突然幕を下ろされてしまったのだ。

●2021年クーデターに繋がるミャンマーの歴史

今回のミャンマー国軍によるクーデターとその背景を理解するために、イギリス植民地時代から現在までのミャンマーの歴史を簡単に説明しよう。

1824年からイギリスとの間で3度起こった英緬《えいめん》戦争の結果、1885年、ビルマ（現在のミャンマー）はイギリスの植民地となる。その後、1930年代にイギリスからの独立を目指し、ビルマ独立運動が活発化する。

1941年、第二次世界大戦が勃発すると日本軍がビルマに侵攻。1942年、日本軍の軍事訓練を受け、のちに「ビルマ建国の父」と呼ばれるアウン・サン将軍を筆頭とするビルマ独立義勇軍は、日本軍と共にイギリス軍を急襲、首都ラングーンを早期に陥落させ、勢いに乗じてビルマを制圧した。1943年に義勇軍は、日本の支援のもとビルマ国を建国し独立する。しかし独立後も日本軍の傀儡《かいらい》であり続けるビルマ国に、アウン・サン将軍は「ビルマの独立はまやかしだ」と発言。1944年のインパール作戦で歴史的な敗北を喫し敗色が濃厚となった日本軍に反旗を翻し、イギリス側に寝返り日本軍を追い出す。

しかし日本軍に勝利したのちもイギリスは独立を許さず、1945年、再びビルマはイギリスの植民地となる。ビルマ国内では2度目の独立運動が起こり、1947年にアウン・サン将軍が暗殺されるも、1948年、ついにビルマ連邦として独立を果たす。

●軍事独裁政権下で「8888」民主化運動、「サフラン革命」が起こる

独立後も、アウン・サン将軍が暗殺され強力なリーダーがいない政権は安定せず、1962年、ネ・ウィン将軍率いる国軍がクーデターを起こし、軍事社会主義政権を樹立。「ビルマ式社会主義」と呼ばれる極端な民族主義的政策を掲げると、国営企業のみが許可され、民営企業が禁止された。

それに加え外国資本の排除、外国人の短期入国さえも拒否し、ビルマは事実上の「鎖国」状態となる。軍事独裁体制のもと、経済政策の失敗から深刻なインフレを招くなど、ビルマは最貧国まで落ちることとなるが、国営企業を独占する国軍と幹部は私腹を肥やし、

貧富の格差が広がっていった。

　１９８８年、軍部による一党独裁打破を目指し、ヤンゴン大学などの学生を中心に民主化を求める運動が起こり、７月、ネ・ウィン将軍率いる社会主義政権が崩壊。１９８８年８月８日、ビルマ全土で大規模なデモ「８８８８」民主化運動が起こる。

　これに対し軍部は無差別発砲を行ないデモの鎮圧を図り、数千人の死者が出たという。この時、ビルマに帰国していたアウン・サン将軍の娘、アウン・サン・スー・チー氏が演説を行ない、彼女はこの国の民主化運動を象徴する人物となった。

　再度クーデターにより国軍が政権を掌握すると、１９９０年の総選挙を公約する。民主化を目指し、アウン・サン・スー・チー氏らが国民民主連盟（ＮＬＤ）を結党するが、彼女は選挙前の１９８９年から軍部により自宅軟禁された。その後、国軍は軟禁と解放を繰り返す。

　１９９０年５月に実施された総選挙では、ＮＬＤと民族政党が圧勝するも、軍政は選挙結果を認めず政権移譲を拒否し、民主化勢力への弾圧をさらに強化する。選挙の結果を無視し、民主化弾圧を続けるミャンマーは１９９７年、アメリカ、ヨーロッパ各国より経済制裁を受けることとなる。そのため国軍は、国境を接する中国に石油や宝石を輸出する国境貿易に頼り、中国との関係を深めていく。

長引く外国からの経済制裁で低迷するミャンマーで２００７年、ガソリン価格が５００％も値上がりしたことに端を発し、学生と反政府活動家らによる抗議運動にサフラン色の袈裟《けさ》を着た仏教の僧侶も加わった大規模デモ「サフラン革命」が起こる。

軍事政権側は特殊部隊を使って寺院を急襲、抗議勢力の僧侶を逮捕・拘束した他、市民デモ隊への発砲などの強硬手段を行使し、僧侶や反政府運動を行なっていたグループのメンバーなど数百名が消息不明となる。僧衣をはぎとられた僧侶の遺体が川に浮かぶなど、目撃されただけでも31人の死者が確認されている。日本人カメラマンの長井健司氏が、反政府デモを取材中に、国軍兵士により射殺されたのもこの年である。

２００８年、軍部による新しい憲法が制定される（通称「２００８年憲法」と呼ばれる）。一見、民主的な憲法に見えるが、主要閣僚を国軍が占め、最初から議会の全議席の４分の１を軍に割り当てることで、４分の３以上の賛成が必要な憲法改正を実質阻止する。そして当時２０００億円ともいわれる、国軍予算の確認も国軍しかできない。

「外国人の家族がいるものは大統領になれない」という規定も、イギリス人の夫との間に子供がいるアウン・サン・スー・チー氏を狙い撃ちしたものだと言われ、国民に絶大な支持がある彼女が権限をもてないようにしたものであった。

何よりも、大統領が政権運営不能な場合に2人の副大統領から臨時大統領が選ばれ、非常事態宣言が出されると、司法、行政、立法の全権が国軍司令官に移譲するというクーデターを合法化する条文が盛り込まれており、これが今回のクーデターにも繋がっている。

●急速な民主化とアウン・サン・スー・チー氏による文民政権誕生

長引く経済の低迷に、国軍の中でも保守派と民主化を支持する改革派に分かれるようになった。2011年、総選挙が開かれ、その資金力と行政上の優位性から軍事政権の翼賛団体である連邦団結発展党（USDP）が圧勝する。同年内に軍内の改革派、テイン・セイン氏を大統領とする新政権が発足。テイン・セイン大統領は自宅軟禁を解かれたアウン・サン・スー・チー氏とも会談する。

スー・チー氏も「ミャンマー民主化の象徴」として、テイン・セイン政権のもとでミャンマーの民主化への政治的転換をアピールする役目を託され、積極的に外遊に出る。2012年には、オバマ米大統領がアメリカ大統領として初めてミャンマーを訪れたのを皮切りに、欧米各国の経済制裁が緩和され、積極的に外国資本を呼び込み、経済発展へと向かい始める。

２０１５年の総選挙では、アウン・サン・スー・チー氏率いるＮＬＤが改選議席４９１議席のうち、３９０議席獲得の圧勝を収める。25年前の軍事弾圧で徹底的に潰されたはずなのに不死鳥のように甦った民主派政党に対して国軍は驚きを隠せなかった。しかも２００８年憲法の規定によりアウン・サン・スー・チー氏は大統領に就任できないが、議会は国家顧問というポストを大統領の上に創設。アウン・サン・スー・チー氏が実質的な国のトップとなった。これには国軍幹部も言葉を失ったという。

しかしアウン・サン・スー・チー政権は軍部の協力を得られず政権運営は停滞し、２０１７年に始まった国軍による少数民族の虐殺（ロヒンギャ問題）では、国際的に厳しい非難を浴びた。だが２０２０年11月の総選挙でも、ＮＬＤは8割を超える圧勝。２０２１年2月1日、選挙後初の議会を開き、第2期目の政権を発足させるはずであった。しかし今回の国軍によるクーデターが勃発、ミャンマー国民が選挙で示したさらなる民主化を求める圧倒的な民意は潰されてしまう。

国軍は軍事政権を復活し、かつてのように武力で国民を統制しようとする。しかし10年の民主化を経験したミャンマー国民は、50年にもおよんだ軍政への後戻りを拒否。平和的なデモや抗議手段で国軍への徹底抗戦に向かうこととなる。

●選挙の不正を主張するも証拠を出せない軍事政権

国軍はクーデターの理由として、２０２０年11月の選挙で重大な不正があったと一貫して主張している。しかしネピドーで会社を経営し、政治にも詳しい筆者の友人のミン・ウォン氏（仮名）はこの軍事政権の主張の矛盾をこう説明する。

「世界の選挙を見れば、例えば２０２０年のアメリカ大統領選挙でさえミスがあります。しかしこれも投票結果を覆すレベルではありませんでした。ミャンマーの選挙でも、投票者名簿の名前に重複があったり、ミスが１００％無かったとは言いきれません。

しかしミャンマーにも選挙管理委員会があり、もし不正があれば選挙法に基づき訴訟を起こし、国家選挙裁判所で証明することができます。軍は、選挙人の投票名簿に、同じ名前の人が数十名も記載されていて、１０４８万人分の投票に不正があったと主張し続けていますが、それならばこの選挙法に則って裁判を起こせば良いのです。それにも関わらず、軍に都合よく定めた２００８年憲法を悪用してクーデターを起こし、正当化するのはおかしいと、われわれ国民は皆、怒っているのです。

なぜならば、今回、軍が主張するような大規模な不正はなかったと言い切れる、決定的な証拠があるからです。選挙での不正の有無を確認する証拠となるのは、投票する前の投票人名簿ではなく、『フォーム1』と呼ばれる『投票完了者を記録したもう一つの名簿』だからです。こちらが正確に投票が行なわれたかを証明するのに重要な証拠となります。

クーデター後の軍事政権による記者会見では、ある記者からこの『フォーム1』の名簿を確認できるかと、質問がありました。しかし軍の答えは『それは見せられない』というものでした。なぜ選挙前の投票人名簿を見せることができて、投票完了者を記録した『フォーム1』を見せられないのか、これは絶対におかしいことです。

当日の選挙に関しても、投票者の名前の重複といった不正や投票ミスを防ぐ方法が取られています。例えば、投票所に着いたら、まず国民それぞれが持つIDカードを見せて本人確認をして、投票用紙を受け取ります。そして、投票が終わると、左の小指に1週間消えない特殊な二重投票防止用インクが塗られます。この複数の本人確認により、同一人物による不正投票を防ぐのです。ですから軍が主張するような同一人物が不正に何回も投票することは、ほとんどあり得ないのです。それなのにこの『フォーム1』の名簿を開示し、国内外の第三者委員会で検証を行なうべきだと記者が追及しても、軍側は頑なに拒否する。

だから選挙に不正があったなどという軍の主張を、国民は誰も信用していないのです」と、ミン・ウォン氏は国軍がクーデターを起こした根拠の不当性を指摘した。

●クーデターは、数年前からすでに周到に計画されていた

さらに国軍を脱走した兵士からも、今回のクーデターは国軍が主張するような昨年の総選挙の不正が理由ではなく、すでに数年前から計画されていたものだという証言が出てきている。

4月に、軍隊から脱走したヘイン・トー・ウー少佐は、「クーデターの計画は2015年の総選挙で国軍の政党が大敗した時から計画されていた。2020年の総選挙以前に国軍の中将クラスの幹部が地方を巡回し根回しをしていたため、その時からすでにクーデターの計画があることに私も気づいていた。国軍幹部は自分たちの権力を失うことを非常に恐れています」と証言している。

つまり今回のクーデターは、2015年にアウン・サン・スー・チー氏率いるNLDが大勝した時から、すでに周到に計画されたものであったのだ。

第二章　無抵抗デモを続ける市民を無差別発砲で虐殺

●クーデター当日、沈黙を守る市民たち

クーデター当日の2月1日、私は社員に自宅待機を指示し、現地の情報を可能な限り収集した。街中を軍の車両が走り回る中、市民たちは銀行の引き出し制限に備え、窓口やATMに長い列をつくっている。多くの人は米や食料などの必需品の買い出しをした後、次の展開を見守ろうと家で待機するのだという。

彼らの予想通り、銀行はインターネットの接続が不安定で、まもなく営業を停止した。当日の13：00過ぎには一旦再開するも、数日後からは大手のKBZ銀行とAYA銀行の窓口が閉鎖され、続いてATMでも現金が引き出せなくなっていく。

しかし現地に住む外国人からは「たくさんの市民が通りに出てきて抗議デモを行なうと予想していたが、そうした事態は起きていない」という証言もあった。

とはいえ冷静に見えるミャンマー国民たちの間には、軍への「恐怖とフラストレーション、そして怒り」が広がっていった。若者世代は「いきなりインターネットを切断され外部の情報と接続できない。外出もできず、電話も使えず、情報がまったくない」と、突然

に情報から遮断され、生活を破壊されたことへの怒りを募らせていた。「8888」運動、2007年のサフラン革命を経験した40代以上の市民は「今回のクーデターによってまた2011年以前の軍事政権下の暮らしに戻るのではないか」という恐怖を思い出しているようだった。

●鍋を叩き、クラクションを鳴らし、ついに市民たちが立ち上がる

「ガンガンガンガン！」、クーデター翌日の2月2日の夜、ヤンゴン市内各地の住宅街で鍋を叩く音が聞こえてきた。それは次々と広がりを見せ、各マンションの窓から一斉に鍋を打ち鳴らす音が響き渡る。「ブー、ブー」、けたたましい鍋の音に合わせるように路上の車からは激しくクラクションの音が鳴り響き、大合奏はどんどん大きくなっていく。

しかし最大都市のヤンゴン、第2の都市マンダレーなどでは、国軍と警察による治安部隊がパトロールしていたため、目立った混乱は起こらず静かに見えた。クーデターにより遮断された通信システムも、1日の午後には一時的に復旧していた。

その一方で、若者や学生グループたちがFacebook上で国軍のクーデターへの抵抗を示

すキャンペーンを市民に呼びかけ、10万人以上の反応があった。実は、ミャンマーでは鍋を叩くのは「悪魔祓《ばら》い」の意味がある。過去の経験から外に出てデモを行なえば国軍による制圧が行なわれる可能性があるので、あえて自宅から鍋を叩き鳴らすことで市民は無言の抵抗を始めたのだ。

●医師、看護師から全国民に広がったCDM・市民不服従運動

2月2日、国公立病院で働く医師、看護師たちから「仕事のボイコットをすることでアウン・サン・スー・チー氏やNLD議員らの解放を求め、国軍のクーデターへの抵抗の意思を示そう」という動きが出始める。

ミャンマーの医師の数は約3万1000人。その他の看護師など医療スタッフもほとんどが公務員である。彼らは給料の受け取りを拒否した上でストライキに参加することにした。胸に黒いリボンを身につけた写真をTwitterなどのSNSで発信し、「ミャンマーと国民のことを考えていない軍事独裁政権の下では働かない」と書いたメッセージで抗議の意思を示す。

国軍のクーデターに抗議をする市民たちが鍋を叩く音が街中に響く

CDM運動に参加する医師や看護師ら医療スタッフ

このストライキ運動は、ＣＤＭ（市民不服従運動＝Civil Disobedience Movement）と呼ばれ、仕事を放棄することで経済を停滞させ国軍に圧力をかけるのが目的だ。現場の証言によれば、医師の約３分の２が参加したという。

医療スタッフから始まったＣＤＭはすぐに、公務員、銀行員、技師、税関職員、港湾労働者、鉄道職員、衣料品工場の従業員などすべての業種、市民の間に拡大していく。日本の大手企業の工場が集中するティラワ経済特区でもＣＤＭに参加するスタッフが増え、従業員の出勤率も25％まで減ったという。

その後、ボイコットからさらに一歩踏み込んで退職するスタッフも出始め、多くの国公立病院や銀行が閉鎖に追い込まれていく。国軍は国営メディアを通じて人々に仕事に戻るよう呼び掛け、脅しもかけ始めるが、それに従う市民はほとんどいない。ストの参加者からは「私たちは静かな革命を行なっているのです」「給料も無くなるし生活も苦しい。でも軍事独裁政権を倒すには他に手がない」とあくまでＣＤＭで抵抗を続ける意思を示している。

2021年2月22日の「22222」デモにはミャンマー全土で数百万人が参加した

デモでは多くの人々がアウン・サン・スー・チー氏の写真を掲げている

●4日連続の大規模抗議デモ、実弾発砲で初めての死者が出る

2月6日、ついに市民が街に出てきて大規模な抗議活動が始まった。ヤンゴン市内の繁華街、ヤンゴン大学近くのレーダン交差点付近に集まった人々が「軍事独裁政権に終わりを」と叫び、抗議を始めた。

実はクーデターが発生しても、すぐに市民たちの抗議デモが発生しなかったのは、Z世代と呼ばれる主に16歳から24歳の若者世代の呼びかけがあったからだという。クーデター当日、彼らはすぐ「72時間のデモの自粛」を呼びかけるメッセージをSNSやSMSを使って拡散させ、性急で過激なデモの自制を呼びかけた。

過去のミャンマーでは軍事クーデターが発生すると、すぐに怒りに満ちた若者を中心に過激な抗議デモに発展していった経緯がある。しかし軍はこれを市民による「暴動」と認定し、武力鎮圧の口実として無差別発砲をするなどで、多数の死傷者を出してきた。そのため今回のクーデターへの抗議活動では、市民側は慎重に非暴力的な手段を選んで進めていくことにしたのだ。

彼らは「私たちの指導者を直ちに解放しろ」「市民の権利を返せ」と、アウン・サン・スー・チー氏らの釈放を叫びながら3本指のサインを掲げる。彼らが掲げる3本指のサインは映画『ハンガーゲーム』で、独裁への抵抗を表していたポーズであり、タイの反体制デモの現場でも掲げられた。3本指のサインに込められた「民主主義、連帯、選挙」を取り戻すための市民の強い願いは、SNSを通じてミャンマー人はもちろん、世界中のデモを支持する人々に瞬く間に広がっていった。

2月6日から始まった抗議活動はSNSなどで拡散され、ミャンマー全土へと広がり、4日間連続となる大規模デモに発展していく。2月7日にもヤンゴン市内で軍事政権に反対するNLDの支持者の大規模デモが展開された。前日の早朝からインターネットやモバイル通信が遮断されている中、各タウンシップで自発的に発生したデモ活動は、軍事政権を非難するシュプレヒコールをあげながらダウンタウンを目指し行進。正午過ぎには、1988年の民主化運動「8888」の中心地となったスーレーパゴダに延べ数万人の市民が集結した。同じく「8888」で弾圧の舞台となったヤンゴン大学周辺にも約2000人が集まり、アウン・サン・スー・チー氏への支持を訴え、「軍事独裁政権に終わりを」と叫んで抗議した。

2月8日には、デモはヤンゴン市内各地に広がりを見せる。クーデターの後、ヤンゴンでは軍政府から夜間外出禁止令と、公共の場における5人以上の集会禁止令が発令されたが、数千人規模に膨れ上がったデモ隊はそんな命令を無視してNLD党本部前や繁華街のシュエゴンダイン通り、レーダン地区などに集まってきた。

2月9日、首都・ネピドーでも国軍による集会禁止令を無視して、数千人が抗議デモに参加した。ミャンマー国軍は「デモの参加者らには法的措置も辞さない」と警告し、デモ隊に対し放水砲とゴム弾で威嚇していたが、すぐに実弾発砲を開始する。この発砲によりデモに参加していた19歳の女性、ミャ・トゥエ・トゥエ・カインさんが頭部に被弾。彼女は意識不明の重体となり病院に搬送される。彼女は意識不明のままついに2月19日に死亡。抗議デモの参加者で初の死者となった。

2月21日、葬儀会場に向かう彼女の遺体を乗せた霊柩車には数百台のバイクが並走する。葬儀には何千人もの市民が詰めかけた。彼女の死を共に悼む者、その遺志を継ぎ3本指を立てて敬礼をする者もいた。軍による銃撃で死者が出たことへの抗議の意思を示したのだ。しかし軍は自制するどころか、ますますデモ隊への実弾発砲を激しくしていった。この日もマンダレーで、国軍によるデモ隊への銃撃により男性2人が死亡、50人以上が負傷した。

死亡した1人は頭部、1人は胸を撃たれており、治安部隊は明らかな殺意を持ってデモ隊に発砲していることが分かる。

２０２１年２月22日、ついに全国で最大規模のデモが起こる。2が5つ並ぶこの日のデモは「２２２２２運動」と呼ばれ、ＳＮＳ上では全国民に職場を放棄するよう呼びかけられ、全国規模で企業やスーパーなどが営業を停止、ミャンマー全土で最大規模のゼネストが決行された。

地元メディアによればヤンゴンで数十万人、ミャンマー全土では数百万人を超える市民がデモに参加したと報道されている。市民はＳＮＳを通じてデモの会場に向かい、各地でデモ隊が幹線道路を行進したり主要な交差点で集結するなど、軍に対する抗議の意思を示すとともにアウン・サン・スー・チー氏らの解放を求める声を上げた。

●国軍は一般市民に対する殺傷をエスカレートさせていく

市民たちが「２２２２２運動」のような非暴力で平和的な抗議活動を続けているのに対し、軍と警察による治安部隊はデモ参加者への実弾発砲、殺傷をエスカレートさせていく。

ヤンゴンには「第77軽歩兵師団」が送り込まれた。第77軽歩兵師団とは長く抑圧された少数民族や孤児を軍事教育した兵士を主力としており、そのためビルマ族に銃を向けることを厭《いと》わない凶悪な部隊として恐れられている。第二の都市、マンダレーに送り込まれた第33軽歩兵師団は、２０１７年に少数民族ロヒンギャの虐殺を実行した最も悪名高き部隊だ。彼らも市民に対して躊躇《ちゅうちょ》なく実弾発砲ができるのだ。

2月28日のデモでは全国で18名が死亡した。そしてヤンゴン市内でも初めて4人の死者が出る。ヤンゴン管区教育庁で抗議活動をしていた教師の集団に治安部隊が発砲し、女性教師が死亡するという悲劇まで起きた。

●デモの死者の墓を掘り返し、フェイクニュースを流す国軍

3月3日、デモ活動は全国規模に拡大し、軍と警察による治安部隊の発砲で40人以上が死亡、クーデター発生以降では過去最悪の死者数となった。この死者の一人、マンダレーでデモに参加していた19歳のチェー・シンさん、通称「エンジェル」さんが後頭部を撃たれて亡くなった事件が大きな話題になった。彼女が亡くなった時に着ていたTシャツに書

第33軽歩兵師団は2017年のロヒンギャ虐殺も実行した悪名高き部隊

デモに参加していた19歳のチェー・シンさん、通称「エンジェル」さん（Facebookより）

かれた「Everything will be OK（すべてはきっとうまくいく）」という言葉と、SNSに残された「もし自分が死んだら角膜や臓器を提供したい」という、死をも覚悟して抗議デモに参加したかのようなメッセージとともに、彼女の死がミャンマー全土に知れ渡った。

しかし驚くべきことにその2日後、軍は支配下にあるミャンマー国営テレビで信じられないニュースを発表する。軍はエンジェルさんの墓を掘り返し、「法に基づいてその場で遺体を検視した結果、殺害の犯人はデモ隊の側にいる」と発表したのだ。「被害者は後頭部を撃たれているが、治安部隊はデモ隊と向き合っていたため後頭部を撃つことはありえず、エンジェルさんの頭から摘出された弾も治安部隊が使用しているものとは異なる」と主張した。

しかし、その後海外メディアがエンジェルさんが撃たれた時の映像を検証すると、エンジェルさんはデモ隊と共に後ろ向きに撤退していく時に、治安部隊に撃たれた可能性が高まった。使用された弾も殺傷能力の高い軍用の自動小銃で、水平射撃で撃たれたという状況証拠がいくつも集まりだした。軍事兵器を使い明らかな殺傷目的で市民に発砲し、死者の墓まで掘り起こし平気で嘘をつく。軍によるこの「フェイクニュース」は市民のさらなる憎しみを引き起こした。

●市民の住居に押し入り逮捕も合法、国軍批判では懲役最高20年

クーデターで全権を掌握した国軍は、市民を自由に逮捕、弾圧できるよう法律も次々と変更していく。「2008年憲法」の規定では、クーデターにより国家緊急事態が宣言されている間、国軍司令官は必要に応じて国民の基本的権利に関する法律を制限または停止することが出来ると定められているのだ。

2月13日、国軍は国営テレビを通じて「憲法第420条に基づき、裁判所の許可なく市民の拘束や家宅捜索を実施することを禁じた法律を一時的に停止する」と発表し、「市民のプライバシーと安全の保護に関する個人情報保護法を停止する」と発表した。これにより当局は裁判所の許可なく「市民の拘束」や「住宅の家宅捜索」、「通信傍受や通信記録の入手・個人の手紙や小包の開封」を行なうことが可能となった。そして国軍や警察による住居への侵入と、市民の逮捕・連行が合法化され常態化していく。

2月14日には刑法第505条を改正。これは「国軍不敬罪」とも呼ばれ「国軍構成員や政府職員の職務に対する意欲や行動、規律などに悪影響を与えた者、国民に恐怖を与えた

り政府職員に犯罪行為を扇動したり、偽のニュースを流布した者などに罰金か3年の禁錮刑、もしくはその両方を科す」と定めた。この「国軍不敬罪」は表現が曖昧《あいまい》で当局の拡大解釈を許し、Facebookで国軍を批判する投稿をしたり記事を書いた記者を逮捕するなど、表現の自由や人権活動の抑圧に濫用《らんよう》されていく。

さらには同日、改正された刑法第124条では「政府、軍、軍幹部に対する不満や嫌悪を誘発する行為」を処罰できるようにした。懲役も7年以上で最大20年の重刑に引き上げられ即日発効された。すでにミャンマー国内では、SNSで国軍を批判しただけで3年の懲役刑となり、自宅にいてもいきなり治安部隊が踏み込んできて逮捕され、連れ去られてしまうようになったのだ。

●NLDの幹部を自宅から連行、翌日には遺体として返す

この法律で狙われたのが国民民主連盟（NLD）の幹部たちだった。ヤンゴン市内パベーダン郡区第7地区のNLD区長であるキン・マウン・ラット氏は、3月6日の夜、警察部隊と国軍兵士により自宅を家宅捜索され身柄を拘束、連行されたという。そして翌日、

彼は遺体となって返還された。遺体を引き取りにいったトゥン・チー氏は「遺体が収容されているミンガラドン軍病院に引き取りに行ったところ、体中に傷跡があった。警察隊と国軍兵士により拷問を受けて死亡したのだろう」と証言している。これに対して軍病院の医師は「死亡は心臓病が原因だ」とだけ発表した。

2日後、NLD幹部への悲劇は再び起こる。ヤンゴン市郊外のシュエピーター郡区のNLD党員のゾー・ミャッ・リン氏が警察隊により自宅の家宅捜索を受けた後に連行され、翌日の3月9日に死亡したとの連絡があったという。彼の妻は「遺体を確認するためにミンガラドンの軍病院に行ったところ、腹部を切開された状態の夫の写真を見せられた」と、証言している。かつて1988年に起きた政治弾圧が2021年にも再び繰り返されているのだ。

●7歳の少女が自宅で撃たれ父親の膝の上で息を引きとる

軍と警察による家宅捜査、連行が恒常化する中で、もっとも悲しい事件が起こった。3月23日、マンダレー市内で7歳の少女、キン・ミオ・チットちゃんが、自宅で家宅捜索に乗り込んできた警察に撃たれて亡くなったのだ。彼女の家族の話では、警察はこの日、武器を探して自宅一帯の住宅を全て捜索。住民を拘束していたという。突然、ドアを蹴破って入ってきた警察は父親に、家の中に他に誰かいるのか聞いた。「誰もいない」と父親が答えると、警察は嘘だと決めつけ家宅捜索を始めたという。その時、父親の膝の上に乗ろうと、駆け出したキン・ミオ・チットちゃんを警察は容赦なく撃ったのだ。病院に向かう車の中で、彼女は「お父さん、無理、痛すぎる」と最後の言葉を残して亡くなった。子を持つ親なので分かるが、自宅でまだ年端もいかぬ娘が非情にも警察に撃たれて死亡するとは、とても信じがたい残酷さである。同居していた19歳の兄も警察に暴行され拘束されたという。

●日本人宅にも催涙弾が打ち込まれ、日本大使館職員宅まで家宅捜査される

治安部隊による攻撃は地元市民だけではなく日本人にまで向けられる。2月28日、軍と警察隊が放った催涙弾が日本人住居に着弾。ミャンマーの日本人社会に大きな衝撃が走った。この事件を経験したのは、ヤンゴンに住む新町氏。彼の住むバハン地区のシュエゴン

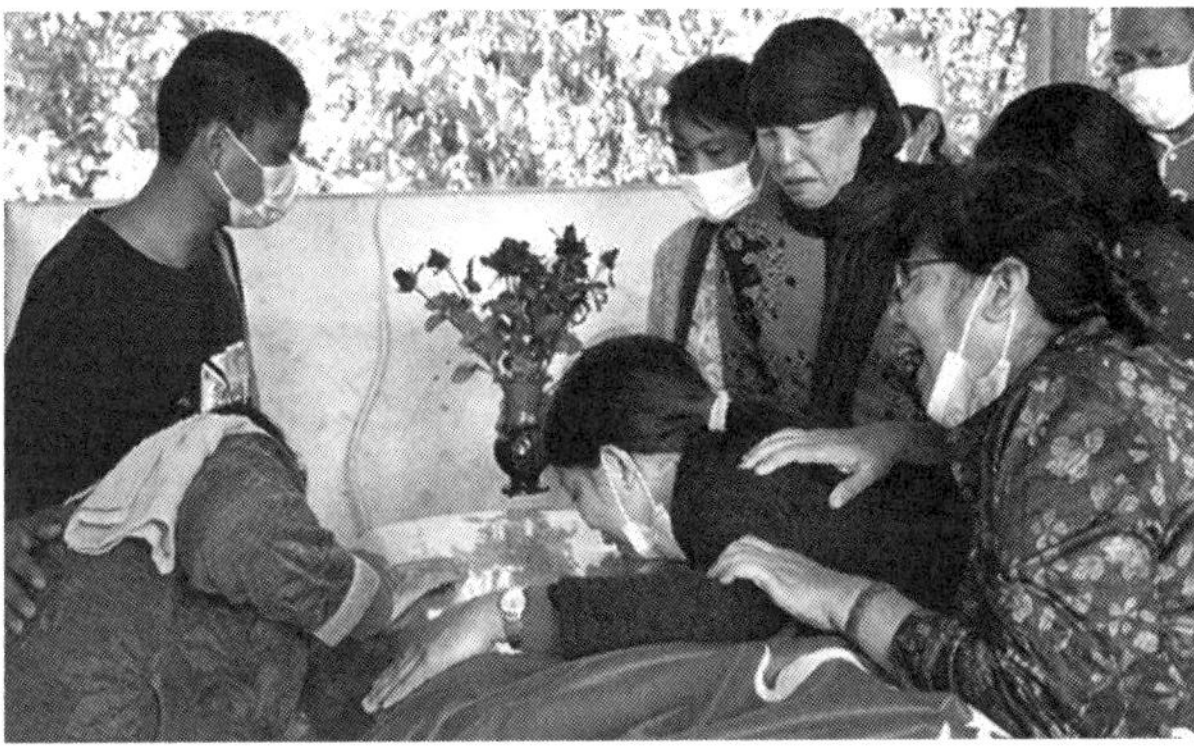

国軍兵士に拘束され死亡したNLDの幹部、ゾー・ミャッ・リン氏の葬儀

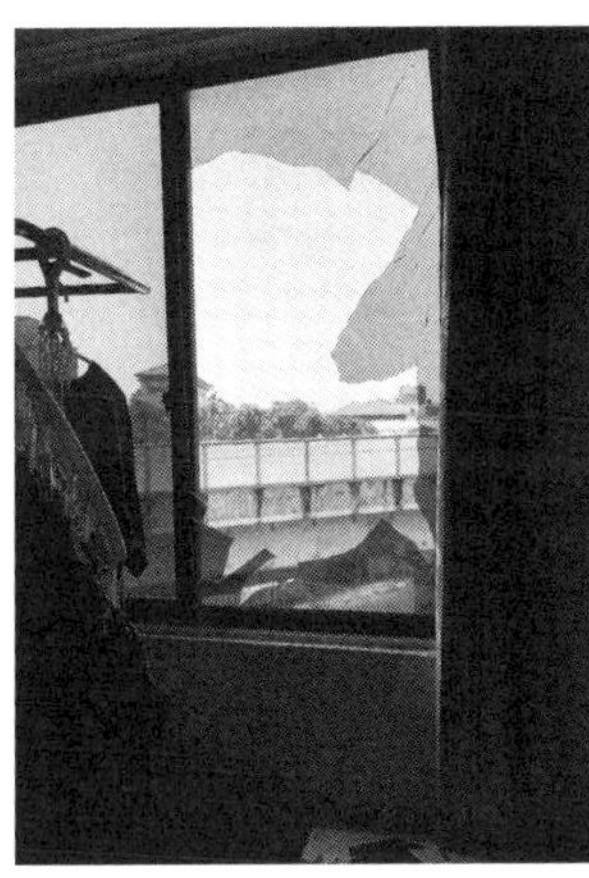

催涙弾が撃ち込まれ散乱した現地日本人の部屋

ダイン交差点付近はヤンゴン在住者には人気の場所だ。

事件は突然起きた。夜の11時、窓の外からいきなり〝パンパンパン！〟という銃声が数十発鳴った。その音を聞いた新町氏が窓の外を見ると機動隊十数人が銃を発砲し、路上には催涙弾の白煙が広がり、市民の悲鳴が響いていた。スマホのカメラで撮影し、その後ビデオカメラに切り替えると機動隊の一人と目が合った。次の瞬間にはリビングの窓ガラスが割れ〝シュー〟と催涙弾の煙が部屋中に充満してきた。体中が痺れ、思わず吐く。すぐに「部屋を特定されているから軍隊が部屋に入ってくるかもしれない」と思い、ミャンマー人の知人に迎えに来てもらい、そのまま別の場所に引っ越したという。

4月17日の夜には、さらに重大な事件が起こる。何と日本大使館職員宅やＪＩＣＡ日本人職員が住む集合住宅に、銃を持った治安部隊が踏み込んできて家宅捜索をする事件が起きたのだ。大使館職員宅では玄関、ＪＩＣＡ職員宅では住居内リビングまで軍は入り込んできたが、日本人であることが分かり、それ以上の捜索はしなかった。しかし、大使館職員の住居にまで治安部隊が捜索に入るのは重大なジュネーブ条約違反であり、日本側は軍事政権下のミャンマー外務省に対して強く抗議する事件となった。

●日本人記者が逮捕され政治犯刑務所に収監される

デモの現場での実弾発砲が当たり前になる中、「ミャンマータイムス」など地元メディアは、治安部隊によるデモ隊鎮圧のニュースを報道し続けた。しかし軍事政権側は市民の抗議活動や治安部隊による弾圧、虐殺を報道するマスコミを「嘘のニュースを流し、国民の不安を煽《あお》り、軍の名誉を傷つけた」として、地元メディア8社の免許を次々とはく奪。逮捕された記者の数も70名以上にものぼり、外国人であっても容赦はなかった。

4月18日、日本人の逮捕者が出る。フリージャーナリストの北角裕樹氏が自宅で逮捕されたのだ。北角氏は2月26日に国軍クーデターに反対する抗議デモを取材中に逮捕されており、その時は同日中に釈放されている。しかしその後も軍事政権を批判する記事を書いており、Facebookでも国軍を批判する記事を投稿していた。

実は、彼は日本経済新聞社の記者を経て、2015年に「MYANMAR JAPON」編集スタッフとして当社にも在籍していた。彼は記者魂が強い人間で、現場を取材する、という気持ちがあったのだろう。日本大使館からは、在留邦人はデモの現場には近づかないで

3月27日の国軍記念日に行なわれたミャンマー国軍による軍事パレード

くれと、再三注意があったのだが、記者としての強い信念をもって現場での取材を続けたのだと思う。今回、彼が収監されたインセイン刑務所は、かつてNLDの党員など軍事政権に従わない多くの政治犯などが収容され、拷問なども当たり前に行なわれていた場所である。

●市民114人の虐殺が起きた最悪の国軍記念日

3月に入ると、治安部隊はデモ隊の鎮圧に迫撃砲などの重火器を投入する。3月15日の戦闘でも50人を超える死者が出た。自国の国民に対し戦闘用の武器を使用するのはもはや虐殺であり、イギリスなど欧米諸国、ASEANなどからも国際的に厳しい非難を浴びる。

そして3月27日、ミャンマーの国軍記念日を迎える。この日は、1945年の抗日武装蜂起にちなんだ記念日になる。式典には通常なら各国の駐在武官が出席するが、今年は軍事政権を支持する中国、ロシア、インドなどわずか8カ国の出席にとどまった。国軍が実施した軍事パレードの演説で、ミン・アウン・フライン国軍総司令官は「民主主義を護持」したいと述べつつ、「暴力行為」に警鐘を鳴らした。

その「民主主義を護る」と述べた同じ時に、抗議デモに参加した市民100人以上が国軍により殺害され、数百人の負傷者まで出ていた。犠牲者には子供も含まれていて、クーデター後で最悪の一日となった。

市民の間では国軍記念日の式典にあわせて全国一斉の抗議デモが呼びかけられ、ヤンゴンやマンダレーなどでは未明からデモが行なわれていた。軍部は前夜、国営放送を通じて「これまでの無残な死者の悲劇から、自分も頭や背中を撃たれる危険があることを学ぶべきである」と、市民に警告していた。

実弾を使った弾圧はミャンマー全土の40カ所以上で報告され、重機関銃などの重火器も使われた。マンダレーに住む住民は「軍は私たちを鳥やブロイラーのように殺している。たとえ自宅にいてさえもよ」と、軍による弾圧の残虐さを証言していた。

●シャンパン片手に笑顔の祝宴がSNSで世界に拡散

114人の市民が殺害されたこの夜、軍幹部は国軍記念日を祝う華やかなパーティーを開いていた。軍事政権が掌握する国営テレビが放送した映像には、ミン・アウン・フライン国軍総司令官を始め、軍幹部が白い制服と黒い蝶ネクタイ姿で、笑顔で赤いじゅうたん

国軍記念日の当日は各地で抗議デモが勃発し100人以上の市民が殺害された

多くの市民が虐殺された夜に白い制服で祝賀パーティーを楽しむ国軍幹部たち

の上を歩き、晩餐用のテーブルに着席している姿が映し出されていた。この会場の様子は瞬く間にソーシャルメディアで拡散され、国民はもちろん、世界中から非難を浴びる。

ミャンマー人活動家のマウン・ザルニさんは「世界の皆さん、私たちミャンマー人はもはやミン・アウン・フライン率いる武装ギャング集団を自分たちの軍とは呼ばないし、そう認識していない。我々は彼らをネピドーのテロリストと呼ぶ。国民が圧倒的に同意するこの見解を尊重してもらいたい。このテロリストたちは晩餐会でタキシードを着ている」とTwitterに書いた。

この日の市民殺害を受け、アメリカ、イギリスや日本と合わせた12カ国の軍や自衛隊の幹部が異例の共同声明を発表し、ミャンマー国軍の暴力行為を強く非難した。アメリカのマーク・ミリー統合参謀本部議長ら国防担当制服組トップは、「プロの軍隊は国際規範に沿って行動し、仕える人々を傷つけるのではなく、守ることがその任務だ」と強調した。当然のことである。

●制裁を強化する欧米、中国ロシアは内政不干渉と主張

軍による市民への虐殺が激しさを増す中、ミャンマー市民やNLDの議員たちからは、外国からミャンマーへの援助の停止、国軍への制裁を求める声が高まる。

国連人権委員会も2月12日、英国とEUの要請を受けてミャンマーのクーデターに関する特別会合を開き、拘束されたアウン・サン・スー・チー氏らの即時かつ無条件での解放と、民主的に選出された政府の回復を求める決議を採決無しで採択した。

会合には、2月11日に、すでにミン・アウン・フライン国軍総司令官ら国軍幹部への制裁を表明しているアメリカもオブザーバーとして参加。他の参加国にも「制裁などを通じ、クーデターの責任者への説明責任を追及する取り組みに加わってほしい」と求めた。だがミャンマー国軍と関係が深い中国やロシアは「これは内政問題である」として会合の開催自体に反発。採決には「関わらない」と主張し、各国の足並みは乱れた。そのため国連安全保障理事会でも常任理事国の中国とロシアが拒否権を持つため、強い制裁は困難とみられている。

この中国、ロシアの対応に合わせるように、軍事政権のミャンマー外務省は、在ミャンマー各国大使館や国際機関に対して「一部の外国大使館や国際機関は、ミャンマーで起きている政治の発展状況に関して内政干渉を行なっている。1961年の外交関係に関するウィーン条約や国連憲章に従い、内政干渉をしないように求める」と通達を出し、呆れたことにあくまでミャンマー国内の内政問題だと強弁を続けていく。

●すべての軍事行動を休止すると発表も市民の殺害は増える

しかし、各国からの強い非難を考慮したのか、軍事政権の国家統治評議会は「4月1日から30日までの1カ月間、少数民族への空爆を含め軍事行動を休止する」と発表した。だが、政権に反対するデモ参加者への殺害は例外とされていた。

そのため4月9日には、バゴー市内で大量に動員された警察隊と国軍兵士らがデモ隊に迫撃砲、機関銃、自動小銃などで無差別攻撃を行ない、若者ら83人が死亡、200人以上が行方不明となった。しかも警察隊は学校施設などに集められた遺体を引き取るために1人あたり12万Ks（約8,400円）を要求したという。

5月23日の時点で、すでに国軍による市民の死者は815人（子供54人を含む）、拘束者5367人にまで上る。

●ほぼすべての国民が支持する国民統一政府・NUGが誕生

クーデターにより、あの2000年代以前の軍事独裁政権時代に戻るのかと、国民の間には厳しい空気が流れる。しかし4月16日、総選挙で当選した民主派のNLD議員らにより構成された連邦議会代表委員会（CRPH）が、「国家統一政府（NUG）」の樹立を宣言する。

クーデター後、国軍により拘束されているウィン・ミン氏を大統領、アウン・サン・スー・チー氏を国家顧問職に任命、主要閣僚15人と副大臣12人も発表した。副大統領にはカチン族出身者、首相にカレン族出身者が入り、少数民族への配慮も示した。少数民族武装勢力からも、全国停戦協定に署名した10もの勢力がNUGへの支持を表明している。

建国以来、少数民族との対立を抱えてきたミャンマーで、初めて民族を超えて支持を得られる政府の誕生となった。CRPHは「2020年に実施された総選挙において民主的な方式によって国民に信託された議員の権利を行使した」としている。この動きに対し、軍事政権の国家統治評議会は国営テレビ放送を通じて、CRPHとNUGを非合法組織として指定。CRPHの議員とNUGが任命した閣僚ら26人に対し逮捕状を出したと発表した。

クーデター後、軍事政権による虐殺で市民側の死者、行方不明者が増えていく一方の状況に、民主派「国家統一政府（NUG）」の誕生は一筋の光となるのか。これからミャンマーを舞台にして、「NUG」あるいは「軍事政権」のどちらを支持するかで、世界は二分されていくだろう。

民主派の「NUG」を支持する欧米諸国と、軍事政権を支持する中国とロシア。日本政府は民主派と軍事政権の両方にパイプを持つと自負しているが、今すぐにでもどちらかを選択する必要に迫られている。この選択を間違えると、将来日本政府は両方のパイプどころか、すべてを失うことになるだろう。

【参考資料】

ミャンマー軍事政権下におけるミャンマーの刑法（２０２１年5月23日現在）

●言論行為についての罰則

２月14日の公務員の円滑な公務遂行を妨げる行為を処罰する刑法改正により、以下のような公務員の職務の執行を妨げる行為、公務員に職務を行なわないように強く迫る行為、公務員個人をネットで中傷する行為等に対処する規定が設けられています。

★軍及び国家の安定のための法執行を行なう公務員のサボタージュ、遂行を阻害させ又はこれを企図する罪（同法１２４条C新設）（最大20年以下の懲役及び／又は罰金〈上限なし〉）

★軍公務員、公務員が職務を行なうことを阻害し、これを妨げる罪（同法１２４条D新設）（7年以下の懲役及び／又は罰金〈上限なし〉）

★政府、軍の公務員について、政府、軍の士気、規律、健康、実施を妨げることを企図し、これを生じる可能性がある行為に関する罪（同法５０５条(a)〈(b)以下繰り下げ〉）（２年以下の懲役及び／又は罰金〈上限なし〉）

★公衆に対し恐怖を感じさせ、虚偽の情報を流布し、又は公務員への犯罪を直接又は間接

に唆す罪（同法５０５条Ａ新設）（３年以下の懲役及び／又は罰金〈上限なし〉）

ネット上での言論に関しては、まずはこれらの刑法の規定に該当することが考えられます。

●現状で死刑が適用されている事案

★２０２１年４月８日に、戒厳令（Martial Law）に基づく軍事裁判所は、被告人19名に対し、以下の被疑事実について、強盗殺人・傷害罪（刑法３９６条、３９７条）で死刑判決を下しています。なお、死刑判決が宣告された19名のうち、17名は逃走中で、身柄は確保されていないと報じられています。

★２０２１年３月27日午後３時30分頃、ヤンゴン管区North Okkalapa Township、(J) WardのKhaymar Kyaung RoadとAyar (15) Roadの交差付近で、ミャンマー軍の大佐、他１名が乗車するバイク、その拳銃及び無線機を奪取し、大佐、他１名を拘束し、棒で殴る、蹴る等の暴行を加え、当該他１名について刃物で右胸について肺まで達する刺し傷を負わせ、失血死させた。

〈条文〉

396. If any one of five or more person, who are conjointly committing dacoity, commits

murder in so committing dacoity, every one of those persons shall be punished with death, or transportation for life, or rigorous imprisonment for a term which may extend to ten years, and shall also be liable to fine.

397. If, at the time of committing robbery or dacoity, the offender causes grievous hurt to any person, or attempts to causes death or grievous hurt to any person, the imprisonment with which such offender shall not be less than seven years.

●言論について死刑の適用が懸念される条文

ミャンマー刑法１２２条にはHigh Treason（日本語では「大逆罪」と訳されます）が規定されています。これは、英国における国王に対する反逆罪（１３５１年反逆法）にルーツを持つ規定で、英国統治時代にもミャンマーで導入され、現在は、ミャンマー国家に対する反逆罪として効果を有しています。

〈条文〉

Section 122 (Punishment of High Treason) of the Penal Code

(1) Whoever commits High Treason within the Union of Burma shall be punished with

death or imprisonment for a term of twenty years.
(2) Whoever, being a citizen of the Union of Burma or ordinarily resident within the Union, commits High Treason outside the Union shall be punished with death or imprisonment for a term of twenty years.

国家統治評議会は、3月5日Announcementにおいて、CRPHの組成は、反逆罪（刑法122条）として死刑、終身刑、22年の収監の対象となり、CRPHと直接連絡を取らなくても、CRPH支持のために不服従を扇動、威迫した者は7年の収監の対象となる（刑法124条(d)）ものであり、直接間接のCRPHとの共謀、支持を行なった者には、強力な措置（effective actions）が執《と》られる旨のアナウンスが、なされています。たとえ、言論行為であったとしても、それがCRPHの組成に関わる行為であると認定されれば、死刑が宣告される可能性も否定できないところと考えます。また、NUGについても、4月21日に内務省から違法組織である旨のプレスリリースがなされており、その組成行為については、同様に死刑の可能性を否定することができないものと解されます。

第三章　Z世代を中心に団結する無抵抗デモ

●『鬼滅の刃』のコスプレまで登場する若者のデモ

「私の元カレはひどかったけど、ミャンマー国軍はもっとひどい」、「私は彼氏が欲しいだけ、独裁はいらない」。そう書かれたビラを持ちヤンゴンの大通りを行進する女子学生たち。連日の抗議活動が始まって6日目となる2月11日、ヤンゴン市内の繁華街、レーダンセンター前には多くの若者が集合し抗議活動を繰り広げていた。中にはビルマの民族衣装で仮装する姿、『鬼滅の刃』のキャラクターのコスプレをする若者まで登場した。

今回の国軍のクーデターに対する抗議デモの中心となるのは、Z世代と呼ばれる16歳から24歳の若者たちだ。彼らは幼い頃からインターネットやスマートフォンのある生活が当たり前で、スマートフォン1つで、Facebook、Twitter などのSNSで世界中の情報に繋がり、自らも発信を続けるデジタルネイティブと呼ばれる世代だ。

彼らは軍事政権下と民主化後の両方で学校教育を受けて育ち、教育内容の違いもよく知っている。彼らのクーデターに対する怒りは多くの若者が掲げるビラに書かれた「クソ、またゼロからスタートかよ（Ah shit, here we go again.）」という言葉に表れている。

2月11日、コスプレ姿でデモに参加する若者たち（Facebookより）

世界中の若者に人気のオンラインゲーム「グランド・セフト・オート」でゲームがリセットされた時に叫ばれるこの流行語は、やっと民主政権に移行した自分たちの国を、また軍事独裁政権にリセットされたことへの彼らなりの抗議の表れなのである。

●インターネットを切断され、生活すべてを壊された

クーデター当日、まず国軍が行なったのはインターネットの遮断である。国民を情報から切断し、外部との連絡を取れないようにする。独裁政権が行なう常套手段である。当日の未明から始まったネットの遮断は、一旦13時頃に復旧するも、2月6〜7日には再び遮断された。その後、携帯電話のモバイル通信は遮断され、安定して接続できるのは、わずか数%しか普及していない屋内の光ケーブル回線のみで、慌てて契約する人が続出した。

夜の1時から朝9時のインターネット接続も禁止となり、光ケーブル回線でさえもWi-Fiが断続的に切断される状態が続いた。

さらには2月3日、ミャンマー情報省は国内の電話会社やインターネットプロバイダーなどに命令し、「一部の人物がFacebookを利用して、フェイクニュースや誤った情報を

拡散させており、国民の間で誤解が生じている」として、「安定」の維持を目的としてFacebook、続いてメッセンジャー、Instagram、Whats App、Twitter などのSNSの利用を遮断する措置を取った。この軍事政権のやり方にミャンマー人の女子学生は怒りをあらわにする。

「今回の抗議デモ活動は、私たちZ世代と呼ばれる若者が中心だと言われますが、もちろん30代から1988年の『8888』民主化運動を経験した50～60代の人々までが一緒になって戦っています。その中で私たち世代が多く参加している理由は、昨日まで普通にあった日常を突然壊されてしまったという恐怖、そして怒りでしょう。あの日、いきなりインターネットを切断され外部との通信が遮断されました。オンライン授業も受けられない、就職活動中だった学生は連絡の手段も無くなった。もちろんゲームなんてできません。生活面ではもともとコロナ禍で行動制限がかけられていた上に、国軍から外出制限まで出された。これでは食料品も買いに行けません。銀行のATMもほとんど停止され預金を引き出せず、手元には現金が無い。明日からどうやって生活していけばよいのかと、深刻な状況に陥りました。これは国軍から私たちに『今日からお前たちには自由はない』と、死刑宣告を受けたようなものです」と。

「私たちの世代は軍事政権下と、民主政権の両方で学校教育を受けてきました。軍事政権下の学校では国軍の方針に従った内容を、ただ先生の命令に従って暗記させられるだけでした。それが2016年に民主政権に移行してからは、自分たちの頭で考えレポートを書く、何が正しいのかは自分で判断する、そういう教育に変わっていったんです」

そんなZ世代の多くが初めて投票に参加したのが、2020年11月の選挙だったという。

「この選挙は私たち世代が初めて参加する選挙でした。自分たちの暮らしはもちろんですが、ミャンマーという国の将来を考えた時に、自分たちの子供世代には自分が受けてきたような軍事政権時代の教育を受けさせたくない。そういう強い思いを持って投票し、その結果が民主派のNLDの圧勝だったのです。それをクーデターという独善的な手段で国軍に拒否されたことを私たちは断じて受け入れられず、現在も戦っているのです」と、話してくれた。

●Z世代と「8888」世代が共闘する抗議活動

今回の抗議活動には、この若者たちと一緒に参加している50代以上の父母世代も多い。現在、56歳のバンディーさんは1988年、ヤンゴン大学在学中に「8888」民主化運動に参加。この時の国軍による鎮圧で多くの友人を亡くしたという。
「いつの時代も同じですが、民主化運動の中心になるのは大学生などの若者でした。しかし、今回中心となっているZ世代の中には、コスプレでデモに参加しているメンバーもいたりして、ちょっとお祭り騒ぎみたいですね。私たちの世代に比べると政治的意識が薄いのかなと感じたりもします。しかし、彼らの行動をよく見ていると、私たちの世代よりはるかに賢くなっていると思いますね。

1988年に私たちが学生の時に経験した抗議活動では、若者は『我々は革命運動を行なっているんだ』という急進的な気持ちで軍事政権に立ち向かっていましたから、正面衝突が起こるのは必至です。そこに治安部隊は『ダラン』と呼ばれる国軍の工作員やスパイを送り込むのです。彼らはデモ隊内で混乱、衝突を誘発し、仲間割れを起こさせるのが目的です。さらに国軍は恩赦で刑務所から大量の犯罪者を街中に放ち、倉庫、役所、家屋などに侵入させ、強盗、盗難、殺人、放火などの犯罪を引き起こさせ、社会を混乱させます。これに怒った市民により、政府のスパイとみなされた人物へのリンチや処刑が横行した。例えば、彼らはスパイとみなされた三人の首を切り落とし、血の滴る頭を民衆の歓声の前にかざす公開処刑まで起こしてしまいました。外国メディアからは『ビルマ人は原始時代の野蛮人だ』と報じられたのを今でも覚えています。そこに軍が現れてデモ隊の大量鎮圧を行なう。国軍は自らが描いた、デモ隊から国の崩壊を守ったのだ、というドラマのようなシナリオで自分たちのクーデターを正当化しました。国軍の描いたシナリオにまんまと嵌《は》められたとはいえ、私達の世代が経験してきた反対運動は攻撃的で冷静さを欠き、総合的判断力も欠けていました。そのために数千人の犠牲者まで出すことになってしまったんです」と、バンディーさんは過去の苦い経験を語る。

「今回のデモではSNSでの強い発信力と行動力で抗議活動の最前線にZ世代が立っていますが、各世代もデモへの参加、CDM、ボランティアなど、それぞれ自分たちができる方法で抗議活動に参加しているように見えます。デジタル世代のZ世代が中心となりつつ、皆で情報を共有しうまく役割分担しながら行動している。また、私たちの世代から1988年、2007年のデモの経験を聞いて、今回の抗議活動に取り入れる柔軟性も持っています。武器を持った治安部隊と非暴力的な闘いを続けるために彼らが考えだすデモや抗議活動の方法、アイデアは素晴らしいと感じます。彼らのおかげで世代を超えた団結力が生まれ、国内はもちろん海外の人たちとも連携できて、大きなサポートをもらえているのでしょう」と、Z世代の発信力が、この抗議活動を国内外まで繋げる大きな力となっているのだという。

そしてもう一つ、国軍の動きからすでにクーデターを予見していたであろうアウン・サン・スー・チー氏は、あらかじめNLD幹部に左記の〝国民への訴え〟を託しており、クーデター後に、NLDのFacebookで公表された。

〝NLD党首・アウン・サン・スー・チーから国民への訴え〟

「NLDは2008年の憲法を認めないという姿勢ではありましたが、議会政治においては憲法に従い、順守してきました。憲法の改正については常に討議する必要があります。

1990年総選挙、2012年補欠選挙、2015年総選挙、そして2020年総選挙は規定に従って行ないました。

この書面を皆さんが読んでいるならば、国軍は自らが制定した憲法を破棄し、国民が自ら選んだ議会と政府が解体されたことを意味します。

それは現在の国民が直面している感染症予防対策を無視した行為であり、国民を再び軍事独裁体制下に押し込める行為に他なりません。国軍によるクーデターを国民全員で拒否し、反対運動を行なってください。国民がすべて（かけがえのない国民）です。

アウン・サン・スー・チー」

ここで氏は、国民全員が一丸となり反対運動を続けるよう訴えている。全国民はこの言葉に従い、彼女が訴えてきた非暴力での抵抗を続けることにした。

●銃に花束で立ち向かう「フラワー・ストライキ」

前述したが、クーデター後、国軍は直ちにミャンマー国内のモバイル通信とインターネットを遮断。市民が情報を共有し、抗議活動に参加するのを妨害しようとした。しかし制限が加えられる中で若者たちは次々と対抗策を見つけ、インターネットへのアクセスと抗議活動の情報と国軍による市民への弾圧を国内外に発信し続ける。

20代のミャンマー女性は「ネットが遮断された時に、多くの市民はVPNをダウンロードしてアクセスの遮断を突破しようとしました。ミャンマー国内のSIMカードではネットにアクセスできなくても、ミャンマーでも買えるタイのSIMカードを使ってネットに接続しました。場所によってはITに詳しい人が、急遽ローカルサーバーを立ち上げそれを皆が共有することもあります。それでもネットへの接続が難しい場合には、携帯電話のSMSを使ってデモの情報を共有したり、デモの現場ではAir dropを使い、情報を共有して参加者の間で次々と情報を繋げていく、という方法も取られています」と、国軍によるネット遮断への市民の対抗方法を教えてくれた。2月6日に街頭でのデモが始まってから、ヤンゴンやマンダレーなどの大都市で連日続くデモの情報が、こうして地方にも伝わり、2月22日の全国で数百万人が参加した「22222」ストライキへと発展していく。

治安部隊の市民への発砲、弾圧がエスカレートしていく中でも、若者たちは平和的な抗議活動を考えだし抵抗の意思を示していく。3月24日には、ミャンマー全土で「サイレント・ストライキ」が実施された。「人や車での外出は避け、すべての店も休業し、家にいよう」というスローガンを掲げ、大手スーパーも軒並み休業となり文字通り街から人影が消えた。デモ活動で亡くなった犠牲者たちのために黙禱《もくとう》し、軍事政権が望むすべての経済活動を拒否する「無言の抗議」が行なわれたのだ。

4月2日にヤンゴンで行なわれた「フラワー・ストライキ」では、市民によって国軍側の発砲などで犠牲者が出た場所やバス停一つひとつにバラなどの花がたむけられ、国軍の武力弾圧で倒れた犠牲者に哀悼の意を表し、軍事独裁政権への抵抗を続ける意思を示した。

多くの市民のツイッターには、「今日は英雄（犠牲者）たちのための日、彼らと心のなかで向き合う日」との言葉と、3本指のサインに花を組み合わせた写真が次々と投稿された。

4月4日には、イースター（復活祭）にちなみ、イースターエッグ（復活祭の卵）を抵抗のシンボルとして、卵に国軍打倒などのメッセージを書いて訴える「イースターエッグ運動」がミャンマー全土で展開された。

ヒナが卵の中からもがきながら殻を破って生まれるように、ミャンマーにも真の民主主義が生まれることを祈念し行なわれたこの抗議活動では、若者たちは卵に「春の革命が成功するように」、「われわれは必ず勝つ」、「MAH（ミン・アウン・フライン国軍総司令官）打倒」などのメッセージ入りの卵を道路上に並べ、市民たちに配った。

そして、4月11日、Facebook上では、こんなメッセージが次々とシェアされ、皆に呼びかけられた。

今夜9時から15分間、一瞬灯りを消してください！
フラッシュ・ストライキを成功させよう。
なるべく周りを暗くして、光を天まで届かせよう。

この日の夜、ミャンマーでは「フラッシュ・ストライキ」が実施され、暗闇になった15分間、全国で一斉にスマートフォンや懐中電灯の灯りが美しく輝いた。ほとんどのWi-

4月2日のフラワー・ストライキでは犠牲者を悼み各地に花が飾られた

イースターエッグ運動では卵にさまざまなメッセージを書いて訴えた

Ｆｉが遮断され、自宅にいても治安部隊に手当たり次第に逮捕される可能性が高まる苦しい状況でも、市民はアイデアを出しあい連帯し、抗議の意思を示し続けるのだった。

●「ミルクティー同盟」で繋がる香港、台湾、タイのZ世代

２月１日のクーデター発生後、わずか数日後には治安部隊は発砲を開始。２週間後には市民逮捕の合法化、無差別虐殺の常態化へとエスカレートしていった。しかしこれは各地で発生し続ける数万人規模のデモなど、想定外の抗議活動に軍事政権が手を焼いているからだとも言える。

ミャンマーでクーデターが発生して、ネット上では「ミルクティー同盟」というワードが急上昇する。「ミルクティー同盟（Milk Tea Alliance）」とは、香港やタイなど16歳から24歳のZ世代を中心に抗議デモが拡大してきた地域で、同じような立場に置かれた若者同士がＳＮＳで繋がって情報を交換し連帯するゆるい同盟関係のことで、そこに台湾の独立を支持する若者も参加する。

もともと存在したこのネットワークは、いずれの国でもミルクティーを飲むのがポピュ

ラーな習慣であることにちなみ「ミルクティー同盟」と呼ばれていたのだが、そこに今回の抗議デモを続けるミャンマーの若者も加わったのだ。ネット上のゆるい結びつきのミルクティー同盟ではあるが、これを通して抗議デモの前線に立つミャンマーの若者たちに実践的な戦術が伝達されている。

前述したが、ミャンマーの抗議デモで多くの参加者が掲げる敬礼の3本指のサインは、2014年にタイで公開された映画『ハンガーゲーム』で登場したサインだ。2020年にタイの軍事政権への抗議で実際に使われたが、ミャンマーのデモでも瞬く間に共有された。

3本指のサインだけではない。2019年に発生した香港デモで抗議活動の中心となった若者には、そのデモの経験から得られた抗議活動の知識をまとめたマニュアルがあり、それがビルマ語に翻訳されSNSで共有されているという。

例えば「警棒や催涙ガスからの攻撃を防ぐヘルメット、ゴーグル、マスクは必需品」「デモ活動の連絡・共有には暗号化され機密性の高いTelegramを使う」「逮捕された時に備え、iPhoneなどの顔認証を使用できなくしておく」などだ。

デモの現場でも、道路でタイヤなどを燃やし炎のバリケードを作る、大量のレンガブロックを並べて治安部隊の足を止めるなど、香港デモの現場でも見られた光景が再現されている。

●ミルクティー同盟の共通の敵「中国」

ミルクティー同盟の若者たちは、自分たちの独裁政権に対して抗議活動を続けているが、もう一つ、その後ろにいる中国を「共通の敵」と認識している。中国共産党により一国二制度を終焉《しゅうえん》させられた香港、中国による武力統一の危機に常にさらされている台湾はもちろんだが、中国はタイやミャンマーの軍事政権の後ろ盾ともなっているからだ。

ミャンマーでも、クーデター後の国連安全保障理事会の決議では、「内政不干渉」を主張する中国の影響で強い決議ができなかった。当然だがミャンマーでは中国大使館への抗議デモなどが起こり、反中ムードが高まっている。

●有名人、芸能人、インフルエンサーも国軍不敬罪で指名手配

若者を中心に、ミャンマー市民がまとまり軍事政権への抵抗運動を続ける中で、有名人たちもその強力な影響力を発揮し国内外への発信を続けている。その筆頭に挙げられるの

デモ現場ではミルクティー同盟への連帯を示す光景も見られた（Facebookより）

ミャンマーのデモ現場でも、香港デモと似た市民による抗議行動が見られた

は国連総会で軍事クーデターを批判し、国際社会の行動を呼び掛けた同国のチョー・モー・トゥン国連大使だろう。

2月26日国連総会で「クーデターを直ちに終わらせ、国民への弾圧をやめて民主主義を回復させる必要がある」と訴え、抵抗の3本指を掲げると会場からは大きな拍手が起き、米国のトーマス・グリーンフィールド国連大使もその「勇気ある」発言を称賛した。クーデター発生後、彼は国連大使として「何ができるか」を考え、「国連総会の機会を使って、命をかけて抗議する若者たちのために最大限の良い影響を与えたいと考えた」と話す。母国に暮らす両親が心配であったが、演説後には「誇りに思う」と言われたという。

しかし国軍側は「国を裏切った」として、演説後にチョー・モー・トゥン氏の大使解任を発表。ティン・マウン・ナイン国連次席大使を臨時の代理大使に任命したが、同氏はそれを拒否し辞任。チョー・モー・トゥン氏は現在も国連大使にとどまっているが、国軍側は国軍反逆罪で訴追した。これに対し、彼は「ミャンマーには独裁的な軍と罪なき市民という対立がある。軍が私を訴追したということは、私が国軍側ではなく市民と共にいることを証明してくれたようなもので、大変誇りに思っている」と語った。

もう一人、NLD議員で構成されている連邦議会代表委員会（CRPH）が当時任命したドクター・ササ国連特別大使は、ミャンマーの公務員に対して不服従運動（CDM）に参加するよう海外から呼びかけ、世界各国の機関やマスコミに対して軍事政権の市民に対する弾圧を周知する活動を行なっている。国軍側の国家統治評議会は、これらの行為は国家反逆罪にあたるとして訴追した。ドクター・ササ氏はNLDが組閣したNUGにおいても国際協力省大臣に任命され、欧米諸国との話し合いにあたっている。

●ミス・ミャンマーが祖国を思いステージで涙の訴え

3月27日、バンコクで「ミス・グランド・インターナショナル」が開催された。これにミャンマー代表として参加したヤンゴン大学生のハン・レイさん（22）は、主催者側から特別に許されてステージ上でスピーチを行なった。

「私がこのステージに立っている間にも、愛する母国で大勢が亡くなっている。世界中の市民は平和を望んでいるのに、指導者は利己的な権力を使うべきではない。どうか世界の皆さん、ミャンマーを助けてください」と声を震わせながら、2分間にわたって祖国の危機的な状況を訴えると、会場からは大きな拍手が湧き起こった。

国連で3本指の抗議のサインを掲げるチョー・モー・トゥン国連大使

ステージ上でミャンマーへの支持を訴えるミス・ミャンマーのハン・レイさん(Facebookより)

このスピーチは世界各国のニュースで大きく報道された。彼女もヤンゴンで友人たちとデモに参加していたが、仲間の多くは刑務所に入れられ、1人は撃たれて亡くなったという。4月7日、軍事政権が「ハン・レイに対する逮捕状とともにハン・レイをタイに派遣したミャンマーの関係者に対しても逮捕状を用意した」と発表する。現在、ハン・レイさんは特別滞在許可を得て3カ月間はタイにとどまる予定で、ミスコン関係組織によって安全な場所に匿《かくま》われているという。

インスタグラムで100万人以上のフォロワーを持ち、有名モデルで俳優のパイン・タコンさんは反軍事政権の立場を表明し抗議デモに参加。アウン・サン・スー・チー氏の写真を掲げる姿をSNSにアップするなどして抗議の姿勢を示し、大きな影響力を与えてきた。しかし4月8日早朝、母親の実家にいたところに兵士約50人と軍用トラック8台が急襲し、パイン・タコンさんの身柄を拘束。携帯電話も押収され連行されていったという。彼は「抗議に参加した結果がどうなるかは分かっており、何も恐れていない」と語っていたという。

パイン・タコンさんのようにミャンマーでは、著名人の指名手配や逮捕が相次ぐ事態となっている。著名な俳優のチッ・トゥー・ウェーさん、歌手のエー・ティン・チョー・スウェさん、日本人も出演している2021年公開予定の映画『アウン・サン・ザ・ムービー』の監督兼俳優のルー・ミン氏も逮捕され、少なくとも約100人に逮捕状が出されているという。

ネットやSNSで大きな影響力を持つ著名人や、外交官が軍事政権に反対の意を示すことに対し、国際社会も敏感に反応している。手当たり次第に指名手配、逮捕するのは軍事政権側の焦りが相当強くなっている証拠でもあろう。

●独立後も続く少数民族との武力衝突

今回の軍事クーデターでミャンマー国民の間で起きた一番の大きな変化は、1948年の独立以来対立を続けていたビルマ族と少数民族が、共に国軍を打倒するために和解したことであろう。ミャンマーの独立の歴史は、すなわち少数民族との紛争の歴史でもあったともいえるからだ。

ミャンマーには人口の約70%を占める多数民族のビルマ族、そして少数民族のシャン族、カレン族、カチン族、ラカイン族、チン族、モン族、カヤー族など135もの民族が混在している。宗教もビルマ族が信仰する上座部仏教が90%、キリスト教が5%、イスラム教が4%と、複数の宗教が信仰されていて、長年の民族対立を生む原因となっていた。

インスタグラムで100万人のフォロワーを持つ俳優のパイン・タコンさんも逮捕された

独立後もミャンマー国軍と戦闘を続ける少数民族のカレン族

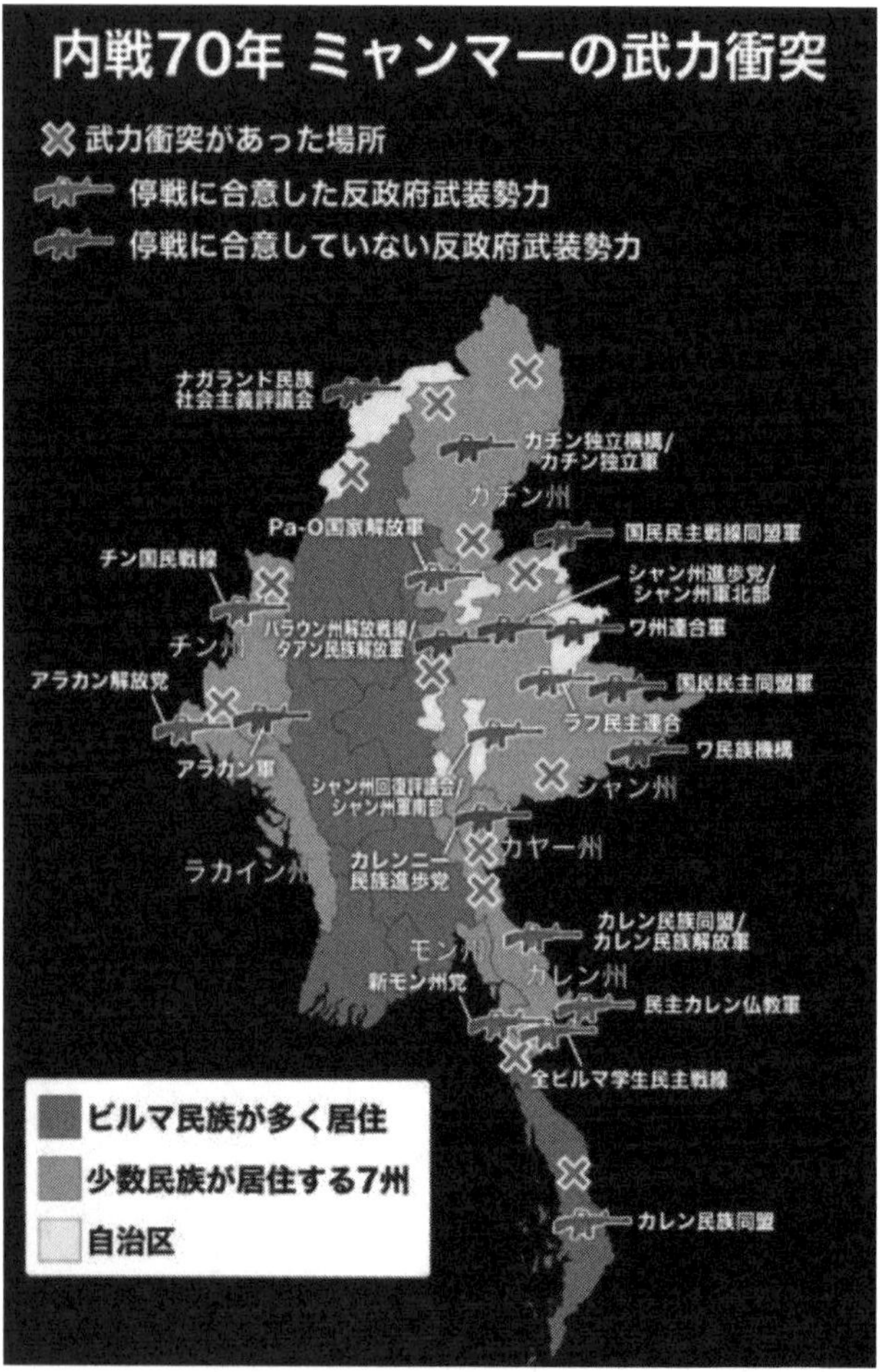

上智大学根本敬教授によるデータを元に作成（図解イラスト:さいとうひろし）

これは、1824年以降のイギリス植民地政策の影響もある。

主な対立でも、長年ビルマ族と対峙し、国軍とも戦闘を行なってきたミャンマー東部・南部に住むカレン族の統治エリアには、今回のクーデター後に数度の空爆が行なわれ、1万人以上の避難民が出ている。

1800年代初頭、数多くの植民地政策に長い歴史を持つイギリスは、現地人の不満が宗主国やイギリス人に向かわせないような統治システムを作り上げていた。他民族同士を互いに反目させ団結させせないのは、両者を争わせて力を弱め統治支配をしやすくするためだ。

イギリスの植民地政策が始まると、すぐに英国人宣教師の布教によりカレン族はキリスト教を信仰するようになる。そしてイギリスもカレン族を英領ビルマの官僚や軍人として重用したのだ。他にも英領ビルマ軍や警察隊にはカレン族、カチン族、チン族など少数民族を優遇し、多数民族であるビルマ族を除外する。彼らから見れば、カレン族は植民地支配者の手先に見えただろう。

こうして民族間の憎しみは蓄積されていき、第二次世界大戦でついに、イギリス軍についたカレン族と、日本軍についたビルマ族の軍が殺し合いをすることになる。1948年のビルマ独立後も、カレン族は独立国家をつくろうとするも新政府に認められず、ついに武装蜂起することになる。植民地時代にカレン族は、軍や警察隊に多く所属していたので、武器の扱いや戦闘に長けていて、事を優勢に進めていた。

しかし1962年、クーデターでネ・ウィン政権が誕生すると山岳地帯に追いやられ、現在もなお独立運動を続けている。イギリス統治時代に優遇されたカチン族、チン族なども武装組織を持ち、独立後も中央政府と対立を続けているのである。

中国雲南省と国境を接する、ミャンマー北東部にあるシャン州内にある自治管区のワ州は、1989年まで中国共産党が全面的に支援するビルマ共産党が支配していた。しかし、1988年のクーデターで、脱退し組織されたワ州連合軍（UWSA）がワ州を統治した。ワ州はタイ、ラオス、ミャンマーの国境地帯に広がる有名な「ゴールデントライアングル（黄金の三角地帯）」の中核をなす。

最盛期には全世界の約4割のアヘンがワ州で生産され、ヘロイン精製で得た利益によって強大な武力を維持し、現在もミャンマー中央政府の実効支配が及んでいない。ビルマ族に次ぐ人口約200万人のシャン族も、同じく中国国境に接するため中国との関係が深く、中国の助けを借りてビルマ族に反抗を続けている。このように1948年に独立したといってもミャンマーは少数民族との戦闘を今も続けているのだ。

●村の焼き討ち虐殺も受けたロヒンギャ

それに加えてミャンマーはロヒンギャ問題を抱える。ロヒンギャとは、ミャンマー南西部に位置するラカイン州のイスラム系少数民族のことで、人口は推定200万人とされる。おもにミャンマーとバングラデシュ国境に近い地域に居住しており、1962年に起こった軍事クーデター以降国軍主導のビルマ族中心主義によって、ロヒンギャに対する扱いが急速に差別的になった。不法移民対策と称してロヒンギャへの抑圧を強め、その結果1978年には20～25万人規模の難民流出を引き起こす。1988年以降はロヒンギャの人々がアウン・サン・スー・チー氏を支持したために、軍事政権は軍隊をロヒンギャの居住地域に派遣、インフラ建設などの強制労働をさせるなど苛烈な弾圧を始めた。

2012年には、仏教徒の過激派武装勢力「アラカン軍」（AA）とロヒンギャとの間に大規模な衝突が起こり、200人以上の死傷者が出た。この戦いで13万人のロヒンギャが住む場所を失い、政府によって難民キャンプに強制的に収容された。この後、「アラカン軍」によるロヒンギャの排斥《はいせき》、国外追放の暴動がしばしば起こる。

ミャンマー国軍による弾圧を受けて避難してきたロヒンギャ難民

カレン族の支配地域に住み戦闘訓練を受けるZ世代の若者

国軍は2014年に実施した人口調査で、ロヒンギャは自分たちが不法移民であるベンガル人だと認めない限り、人口調査の対象から外すとし、さらに臨時国籍証をはく奪して「審査対象中」というカードを与えることとした。これによりロヒンギャは、事実上の無国籍者となった。2017年8月には国軍などの治安部隊によるロヒンギャへの組織的殺害、暴行、村の焼き討ちなどの深刻な人権侵害が起き、70万人のロヒンギャが隣国バングラデシュに避難した。

ミャンマー独立後も迫害され続けてきたロヒンギャだが、今回の軍事クーデターで、国軍に弾圧された多数派のビルマ族も「我々も国軍による虐殺を受けてロヒンギャの気持ちが分かった」として、今まであまり関心の無かったロヒンギャ問題に目を向け始めている。ロヒンギャもNUGの元で、ともに国軍と闘う同志であると認められたのだ。

●内戦を覚悟し少数民族の下で戦闘訓練を始めたZ世代

2015年にミャンマー政府との間で「全土停戦協定」に調印した少数民族武装勢力10グループも、民主派勢力により設立された連邦議会代表委員会（CRPH）と国民統一政府

（NUG）の樹立を歓迎し支持すると表明した。NUGでは、閣僚や副大臣26人のうち13人が少数民族出身、8人が女性と、少数民族にも目を向けた民主的なメンバー構成となっている。

クーデターという非常事態の中で、アウン・サン・スー・チー氏率いるNLDが中心に作った国民統一政府の下で、Z世代の若者から1988年世代の大人、そして独立以来紛争を続けてきた少数民族も含めて初めて団結し、国軍と闘う意思を表明したのだ。

さらにはZ世代の若者たちの中から、自ら志願して少数民族の支配地に赴き、武装勢力の士官から軍事教練を受け始めているメンバーがすでに多数出てきているのだ。カレン族のカレン民族同盟（KNU）の支配地で、軍事教練に参加している若者は「2月にここへ逃れてきたが、仲間には警察隊や国軍から脱走した同志や女性も大勢いる。目的はただ一つ、国軍を完全に粉砕し軍事政権を打倒すること。訓練はとても厳しいが皆、絶対に勝てると信じて頑張っている。国民の皆さんにも我々に期待してほしい」と、強い信念を語った。

クーデターからすでに4カ月が経つ。無抵抗の平和デモなどで続けてきた抗議活動も国軍による無差別大量虐殺を受けて、ただ死者が増え続けるのにも耐えるのにも限界がきてしまっているように感じられる。今後は、市民による平和的な抗議活動から、「国軍」対「一般市民」という全面対決に移行し、やがて内戦をも覚悟した戦いへと向かっていくのだろう。

第四章　市民を虐殺しても守りたい国軍の巨大利権とは？

●閉じた組織で植え付けられる特権階級意識

「雑草や害虫は取り除く必要がある。必要であれば殺虫剤を撒《ま》く」「我々が本気を出せば自動小銃で1時間に500人を殺せる」

4月9日、ミャンマー国営放送で、ミャンマー国軍報道官のゾー・ミン・トゥン少将はデモ隊に向けてこう言い放った。

国軍の実弾発砲によってすでに700人以上の死者が出ており、軍隊による市民の虐殺、と非難を浴びている中でのこの発言は、海外のメディアを呆れ果てさせた。なぜ彼らはこのような選民意識を持ち、国民に平然と武器を向けることができるのか。

全国で約40万人を擁するミャンマー国軍は、その残虐さで「殺人マシーンの集団」とまで表現される。上官の命令には絶対服従し、国と国軍のためには虐殺も厭わない集団なのだ。兵士たちはミャンマー国軍に入隊し、軍事訓練を受ける中で上官から洗脳教育を施される。ミャンマーは独立後も少数民族との紛争が続き、キリスト教徒、イスラム教徒など宗教の違いでも対立してきた。そして、兵士たちはこの国を護るのは自分たちであり、自分たちなしではこの国は崩壊してしまう、と本気で信じている。だから2017年に起こったロヒンギャの虐殺も、「彼らはこの国をまとめようとしているわれわれ国軍に従わず、ミャンマーという国と一つになろうとしない、だから殺しても良いのだ」、という論理になる。それは、今回のように国軍に抗議デモを起こした市民に対しても同じだ。たとえ非武装の市民であろうと、国軍に対して逆らい、従わない人間なら殺してもかまわないと本気で思っているのだろう。

生活面では、兵士の家族も一緒に軍の宿舎に入り、店や病院も敷地内にある。友人たちも舎内だけという他の社会から隔絶された中で生活を送っている。もし地方に遠征した兵士が脱走や亡命をしようとすると、同じ官舎に住む家族は人質のようなものなので厳しい処罰を受けることになる。だから兵士も軍隊を裏切ることはできないのだ。それに加え、Facebook上でも兵士はその動きを常に上官に監視されているという。

兵士たちはやがて、プロパガンダによって、街中にさえも至るところに敵がいるような感覚を抱くようになる。そのように軍隊で訓練を受け洗脳され、軍隊内だけの人間関係を築いていく。こんな環境の中で自分たちは国家の特権階級であり、一般市民よりもはるかに上の地位にいるという選民意識をも身につけていくのだ。

●旧日本軍の遺伝子を受け継ぐミャンマー国軍

このミャンマー国軍の源流は、第二次大戦中の日本軍によって誕生した。1930年代、イギリス植民地下のミャンマーでは一部のイギリス人が政治と経済の中枢を握っていたため、ミャンマー人の不満が溜まっており、イギリスからの独立運動の気運が高まっていた。1937年には日中戦争が勃発、日本軍は蔣介石率いる中華民国と中国大陸で戦闘を繰り広げていた。しかし蔣介石を支援する米英政府は、ヤンゴンからマンダレーを経て、中国雲南省に至る「援蔣ルート」で軍需物資の援助を続けた。

日本はこの「援蔣ルート」を断つために、ミャンマーで起こっていた独立運動に注目する。この運動の中核を担ったのは、1930年に結成されラングーン大学（後のヤンゴン大学）の学生も数多く参加していた「タキン党」（我らのビルマ協会）であった。

そして1930年代後半、学生運動のリーダーとして活躍していたのが「ビルマ建国の父」と呼ばれるアウン・サン氏であった。この時に、「援蔣ルート」を遮断する特命を受けた鈴木敬司陸軍大佐はタキン党に接触。当時、中国福建省アモイに潜伏していたアウン・サン氏らを日本に呼び寄せる。アウン・サン氏たちの独立運動が武装蜂起に発展すれば、「援蔣ルート」の遮断という日本軍の目的も達成できる。外国からの援助を欲していたアウン・サン氏らビルマ独立運動側と日本軍との思惑が一致し、提携が成立、計画実行へと動き出す。

1941年2月、鈴木大佐を機関長とする大本営直属の特務機関「南機関」が正式に発足する。アウン・サン氏をリーダーとして、ビルマ独立運動家の青年30名を海南島に出国させ、特別訓練所で軍事訓練を行なう。彼らが後にビルマ独立の同志として語り継がれる「30人の志士」である。

軍事知識の無い彼らへの訓練は初歩的な段階から始められ、普通なら2年かかるものをわずか2～3カ月で一人前に育て上げようとするものだった。実弾を使った真剣勝負で、すこぶる激しい訓練であったという。あまりの厳しさに心身ともに疲れた仲間を元気づけ、感情が高ぶり日本人への不満を漏らす訓練生をまとめあげたのが、リーダー的な存在のアウン・サン氏であったという。

そして1941年12月、彼らを中心に今日のミャンマー国軍の源流となったビルマ独立義勇軍（ＢＩＡ）が結成される。鈴木大佐や74人の日本人もＢＩＡと共に戦い、イギリス

ミャンマー国軍の報道官を務めるゾー・ミン・トゥン少将

「ミャンマー建国の父」として今も国民に敬愛されるアウン・サン将軍

を破ってビルマは独立を果たす。しかしその後、彼らは日本軍による傀儡《かいらい》政権であることに嫌気がさし、インパール作戦で敗色濃厚となった日本をイギリス軍と組んで追い出すことになる。イギリスからの独立を果たし真の独立国となれたのは、第二次世界大戦終了後の1948年のことだった。

最終的に日本軍と袂《たもと》を分かったアウン・サン氏らだが、鈴木大佐や南機関への感謝の気持ちは持ち続け、彼らを殺害せずに戦争捕虜として日本へ送還するように通達している。その後も「三十人の志士」と南機関の隊員たちとの交流は続いた。その関係が礎《いしずえ》となり、軍事政権が続くミャンマーに対して、欧米などが経済制裁を発した時期にも、ODAなどを通じ日本政府はミャンマーに援助を続ける「特別な関係」が保たれてきたのだ。

●今も残り継承する旧日本軍の精神

『ミャンマーの柳生一族』など、ミャンマー関係の書籍を多数著している高野秀行氏は、ミャンマー国軍を江戸時代の武家社会に例えてこう説明している。鎖国を続ける江戸時代の武家社会と、1962～2011年までビルマ式社会主義、外国からの経済制裁で実質鎖国状態にあったミャンマーの軍事政権とは非常に似ているという。

普通、軍とは外国の侵略から自国と国民を護るために存在している。しかしミャンマー国軍は鎖国の中で外国軍と戦闘を交えたことがなく、彼らが戦ってきたのはすべて自国民で、少数民族や国軍に抵抗する市民に銃を向けた国内鎮圧ばかりであった。

300年近くも鎖国を続けた日本の江戸時代の武家社会を見ると、政治や経済まで武士が行なっていた。そうすると侍にとっては、自分たち武士と武家社会を存続させること自体が目的となり、国民の存在は置いていかれることになる。

同じくミャンマーも、1962年から半世紀続いた軍事政権下では、国軍が政治から産業まで一手に握って、自分たちを利することが第一に運営されてきた。そのような社会で国軍は、自分たちは特権階級であり自分たちだけが国を統治できる、という頑迷なまでの信念を持つようになったのである。

それに加えて、第二次世界大戦中に旧日本軍の下で日本式の教練を叩き込まれているミャンマー国軍は、旧日本軍の遺伝子を一番受け継いでいて、異常なまでに上下関係、規律に厳しいと言われている。これについて、筆者の友人のミン・ウォン氏（仮名）がこういう逸話を教えてくれた。

「国軍への市民の抗議デモのニュースを見ていて、たとえ上官の命令だとしても、なぜミャンマー国軍は市民に対して残虐に発砲できるのか、そう感じた日本人の方も多いと思います。それはミャンマー国軍の源流となったビルマ独立義勇軍が、旧日本軍から教育された強烈な愛国心を持ったナショナリストとして育てられたこと。そして、どんなに理不尽なことであろうとも上官の命令には絶対服従しなければいけないという旧日本軍の教えを叩き込まれ、それが今でも引き継がれているからです。国軍の間には、戦時中に日本人の教官から教えられたこんな逸話があるといいます。上官からいきなり穴の開いたバケツを渡されて『水を汲みに行ってこい』と言われる。そして、たとえバケツに穴が開いていようがどんな方法でも構わないから水を持ってこい、なぜならそれが上官の命令だからだ、と教えられると言います。それぐらい上官の言葉は絶対なのです」

●ミャンマーでエリートと言われる医師と軍人

このように、自分たちだけが国を統治できるという特権階級意識を持った軍人だが、ミャンマーに赴任した日本人で国軍関係者と仲良くなる人は多い。

その一つの理由として、普通のミャンマー人と約束すると1時間ぐらい平気で遅刻してくる人も多いのだが、軍の人間と約束すると絶対に約束の時間通りに来る。これは日本式訓練の良い面と言えるが、上下関係に異常に厳しいところもあるのは悪い部分と言えるだろう。

私もミャンマーでビジネスを始めた当初は、この国でエリートなのは医師と軍人の幹部と聞かされていた。実は「MYANMAR JAPON」でも、国軍出身者をオフィスマネージャーとして雇用したことがある。

彼は35才の若さであったが非常に優秀であった。礼儀や挨拶《あいさつ》も完璧で、時間にもきっちりしている。英語やパソコンスキルも高く、まじめで信用もできるのでお金も預けられる。まさにオフィスマネージャーとしてふさわしい人材であった。

しかし、2年ぐらい勤めた時に「実は軍の仕事に復職しなければいけないので」という理由で、突然退職してしまった。軍に戻った後の彼の消息は分からないが、今考えると情報誌を発行する当社の内偵のために軍から派遣されて来た、という可能性も高い。なんにせよ、私が国軍の軍人といわれてまずイメージするのは、まさに彼であった。

●洗脳を受けた少年兵が無抵抗の市民に発砲する

実際に、国軍の士官以上の階級出身者には優秀な人材が多いのも事実である。しかし、その一方で今回のデモの市民虐殺にも大きく関係しているのが、ミャンマーの少年兵の問題だ。

過去、ミャンマーでは、国軍と民族軍の双方によって少年兵が多く徴用されてきた歴史がある。大半は国軍によるもので、２００２年の国連調査ではミャンマーには18歳以下の兵士が推定7万人、中には10歳の子供もおり世界最多数の少年兵がいると報告された。

少年兵の徴用が最も多かったのは軍事政権下の１９９０〜２００５年までの期間で、近年は少年兵の解放など状況は改善しているものの、未だに多く存在している。

軍に徴用される子供たちの多くは貧困層で、拉致《らち》され、強制的に徴用される。軍関係者に騙されたり、暴力を振るわれたり、薬を飲まされたりする子供も多いともいう。あるいは貧困の結果、軍に入らざるを得ないという少年も相当数いると聞く。

彼らは入隊後、学校に行くことも許されず、銃を持たされ、軍の隔絶された世界で毎日厳しい訓練や戦闘を繰り返し成長していく。そしてその20年後、彼らは今回の市民への虐殺にも加担している。少年兵として10代から軍で訓練された兵士の多くが、市民に対して抵抗なく発砲しているという証言が多い。貧困ゆえに強制的に入隊させられたという彼らの環境には同情する部分はあるが、やはり同じ国民に銃を向けるというのは人間として許されざることであろう。

●最貧国になっても利益を独占する国軍とクローニー

もうひとつ、今回国軍がクーデターを起こした大きな目的とされるのが、軍の利権にメスを入れようとしていたアウン・サン・スー・チー氏とＮＬＤを失墜させること、そして軍によるミャンマー経済の独占体制を維持するためだとも言われている。

ビルマは１９６２年の軍主導のクーデター以後、ビルマ式社会主義による経済政策の失敗、外国からの経済制裁でアジアの最貧国にまで落ち込む。その一方で国軍は独裁政権下の国営企業でミャンマー経済をほぼ独占してきた。もっとも有名な2つの巨大コングロマリット「ミャンマー・エコノミック・ホールディングス」（ＭＥＨＬ）、「ミャンマー・エコノミック・コーポレーション」（ＭＥＣ）は、軍が直接経営を支配している。

幼い頃から軍隊に入隊させられ軍事訓練を受けてきたミャンマー少年兵

国軍総司令官らがトップの「ミャンマー・エコノミック・ホールディングス」

日本のKIRINが、2月はじめに合弁解消を発表した提携先企業MEHLのトップはミン・アウン・フライン国軍総司令官で、軍高官が首脳陣を独占、その他に軍のOBらが役職を占める。MECは国防省の保有でMEHLより一段下の陸海空軍幹部が仕切っている。この2つのコングロマリットとも傘下に銀行を保有している。

系列会社の業種では、製造業を除くと鉱物・宝石採掘で28社を占めており、ミャンマーで豊富に採掘されるヒスイなど宝石類が重要な利益を生み出していることが分かる。さらに製造業、貿易、農林水産、金融・保険、情報通信、エネルギー、建設、観光、不動産など全業種に計131社を保有している。その中で外国企業との共同出資は日本企業を含めて14例、業務提携が44例となっている（国連人権理事会・ミャンマー独立国際事実調査ミッション報告書より）。

これら軍の直接支配するコングロマリットに加えて、「クローニー」と呼ばれる軍と極めて緊密な民間のコングロマリットが10以上存在している。「クローニー」は軍幹部との姻戚関係や親族と親しくするなどの縁故関係を利用し、軍からの許認可や受注などの便宜を受けて成長してきた。ゼネコンや資源開発、不動産、宝石取引、情報通信、航空会社、ビールなど、こちらも広範囲な業種に企業名を連ねている。

ヒスイを例に挙げれば、統計に表れない密輸を除いても、２０１４年のミャンマーから中国に対しての年間のヒスイの輸出金額は１２０億ドル（約１・３兆円）に上る。その宝石による利益のほとんどは、２０１１年まで国軍最高司令官であったタン・シュエ氏の親族グループ会社、経済・貿易省のタン・ミイン大臣、ミャンマー・エコノミック・コーポレーション（ＭＥＣ）などの軍関連企業とクローニーに流れた。

さらに鉱山開発の利権と発掘による利益も合わせると、３１０億ドル（約３・４兆円）にまで達すると推定されている。これは当時の国内総生産（ＧＤＰ）の半分近くにもなる。ちなみにミャンマーのヒスイ資源量は世界一で、ルビーは世界供給量の90％を産出している。

このようにミャンマー経済は「ミャンマー・エコノミック・ホールディングス」、「ミャンマー・エコノミック・コーポレーション」と、これらのクローニーによりほぼ独占されているため、もし外国企業が地元資本と提携する場合は必然的にこれらの企業と関係を持つことが多くなる。外国からの投資やＯＤＡが活性化すればするほど、軍やクローニーの利益も膨らんでいく構造になっているのだ。

●軍内部にも強引なクーデターに批判の声が起こる

今回のクーデターは、軍が独占する利益を守るために起こされたという声がある一方で、ミン・アウン・フライン国軍総司令官の個人的な野心で引き起こされたという批判も上がっている。ミン・アウン・フライン国軍総司令官は本来なら今年で定年となるが、2月4日、任期を65歳までとする軍指令を撤廃した。そのため自分の影響力が残るように権力基盤を作り上げ、大統領の座も狙っていると噂されている。

年間2000億円以上ある軍事予算も、憲法で政府が検査をできない規定となっているため、彼の裁量次第で彼の懐《ふところ》にも流れていると言われている。家族の資産は数百億円にものぼると推定され、これに対しては部下からも批判の声が上がっているという。

上司には絶対服従であるはずのミャンマー国軍であるが、必ずしも一枚岩ではないという声も多い。ミン・アウン・フライン国軍総司令官のように、強引にクーデターを起こしてでも軍や自身の利益を守ろうという保守派が大勢を占めているが、その一方で軍内部には2011年に民政移管を行ない、ミャンマーの急速な民主化を行なったテイン・セイン大統領のような開明派の一派もいるという。

もしクーデターで軍の利益を強引に維持しても、再び外国からの制裁を受け、政府開発援助（ODA）もストップされれば軍の利益も急速にしぼんでしまう。またしてもミャンマーは最貧国に戻り本当に国家破綻してしまうという危機感を抱いているという。

●3000人の警察官がインドに脱走する

国軍と警察による治安部隊が800人以上もの市民を殺害する一方で、「同じミャンマー人として国民を殺したくない」と、脱走する警察官や兵士も多数いる。4月現在、隣国のインドに逃れる警察官らが後を絶たず、その数は3000人以上に上っている。

彼らは国軍からの弾圧命令に従えず、自らが迫害されることを恐れて逃れてきたという。「無実の市民が血を流しているのを見て、非道な行為に良心が許さなかった」と話している。ミャンマー側はインドに「友好的な関係を維持するために」と、逃れた警察官らの送還を求めているが、インドは対応に苦慮しているという。

軍を脱走した兵士からは、「若い兵士の80％は辞めたいと思っている」という驚くべき証言もある。

4月16日にミャンマー南部タニンダリー管区コータウン、第433軽歩兵師団から脱走したチャン・ミャ・トゥー二等兵は、「国軍は国民を守るために存在しているのに国民を殺している。これは絶対にあってはならないことだ。兵舎の友人たちも同じ意見で、若い兵士の80%は辞めたいと思っている。しかし、家族のことや今後のことを考えると辞めたくても辞められないのが現実だ。治安部隊が子供を殺したり、市民から略奪したりするのは見ていられない。もし今後の道筋を保証してくれるのならば、みんな辞めるだろう」と証言した。

このような若い兵士たちの声があるものの、軍の巨大な利権を死守しようとする保守派の軍幹部と、自分たちこそが本気で国を守るという軍の思想に従う兵士が大勢を占める限り、国軍がNUGと話し合いで現状を解決するのはまず不可能であろう。現在の国軍は、NUGが創設した「人民防衛隊」が無条件降伏し国軍に従う、もしくは内戦を経た末に停戦調停をする。このどちらかの選択肢しか考えていないのではないだろうか。

第五章　国軍と「太いパイプ」を持つ日本がキーになれるのか

●1900億円のODAが国軍の資金源となる

「日本のお金で人殺しをさせないで——」。2021年4月1日、東京都千代田区にある外務省前では、こう書かれたポスターを掲げ、約200人の在日ミャンマー人と支援者が抗議集会を行なった。ミャンマーで軍によるクーデターが発生して2カ月が過ぎ、抵抗する市民の犠牲は増え続け、ますます国際社会の関心が高まっている。

欧米からはミン・アウン・フライン国軍総司令官ら軍幹部個人と「ミャンマー・エコノミック・ホールディングス」、「ミャンマー・エコノミック・コーポレーション」などの国軍系企業に対する制裁が発動された。

日本政府もクーデター発生翌日の2月2日、茂木敏充外務大臣がミャンマー国軍によるクーデターについて、「我が国はミャンマーにおいて緊急事態が宣言され、民主化プロセスが損なわれる事態が生じていることに対して『重大な懸念』を有している」と発言し、拘束されたアウン・サン・スー・チー国家顧問らの釈放も強く求めた。

アメリカのバイデン大統領が示唆した経済制裁についても「事態の推移を見守っていく」

考えを示した。茂木大臣は「クーデターで政権を掌握した国軍の総司令官と会談を重ねるなど『国軍側とのパイプ』を生かし、引き続き国際社会の懸念を伝え、冷静な対応を呼び掛けていく方針だ」と述べ、日本政府は独自のルートを用いて交渉を重ねると強調した。

2月26日に日本政府は、ミャンマーへの政府開発援助（ＯＤＡ）の新規案件の採択を当面停止する検討に入ったと発表した。ミャンマーに対し日本は、２０１９年度においては円借款で１６８８億円、無償資金協力で１３８億円、技術協力で66億円を提供する最大の支援国となっている。

もし日本が経済支援を縮小させればミャンマー経済への影響は大きいため、国軍が中国への依存を強める懸念もある。国は情勢を慎重に見極める方針だとしたが、どのＯＤＡプロジェクトを中止するかなどの具体的なアナウンスは無かった。3月27日に、クーデターに抗議するデモ参加者を治安部隊が銃撃するなどして、１００人を超える最多数の死者が出た時にも「強く非難する」との談話を発表したのみだった。

国軍との太いパイプを持ち、世界で唯一軍幹部と交渉できると自負してきた日本政府だが、相変わらず深い懸念や非難を表明するだけで具体的な制裁にも踏み込んでいない。その姿勢にミャンマー人は、日本政府に対して持っていた強い期待が徐々に失望へと変わってきている。そして日本のODAが市民虐殺を繰り返す国軍の資金源となっているとして、ODAの即時停止を求める声が高まっているのだ。

●日本の曖昧な答えに期待から失望に変わる

そのような中、4月2日に国会内で院内集会が開かれ、多くの在日ミャンマー人、特に若者が多く参加して事前に外務省宛てに提出されていた「ミャンマーのクーデターに関する」公開質問状（ヒューマンライツ・ナウ）への回答が示された。その回答をいくつか抜粋して、以下紹介する。

質問：日本政府は2020年総選挙によって国民に選ばれていた国会議員らによって構成される連邦議会代表委員会（CRPH）を、ミャンマー国の正式な国家機関として認めているか。認めないとするならその理由は何か。

回答：我が国としては、ミャンマー国軍に対して、①民間人に対する暴力の即時停止、②拘束された関係者の解放、③民主的な政治体制の早期回復、の3点を強く求めてきている。

ミャンマー側とは、様々な主体とやり取りを行い、また、働きかけをしてきているが、その具体的内容については、現地の情勢が緊迫する中で、今後の対応や関係者の安全に影響を与え得るためお答えを差し控えたい。

ＣＲＰＨを正式な国家機関と認めるか否かを質問しているのに対して、これでは質問の答えになっていない。

質問：アメリカ政府はミャンマーの国防省や軍に関係する大手企業・個人などに対して、アメリカ製品の輸出を禁止する追加制裁や軍事転用のおそれのある品目のミャンマーへの輸出規制の強化等の経済制裁を行なっている。イギリス政府やカナダ政府、ＥＵもそれぞれ経済制裁を行ない、国軍の資金を凍結することによって国軍による市民への実力行使に対する圧力を強めている。日本政府も各国と協調して、国軍に対し国軍関係企業や関係者個人の資金凍結や輸出規制などの経済制裁を行なわないのはなぜか。法制度上の問題があるとすれば、今後、必要な立法措置を講じることを検討しているのか。

回答：制裁を含む今後の対応については、事態の推移や関係国の対応を注視し、何が効果

的かという観点から検討していく。

この時、すでに2カ月が過ぎているのに、具体的な制裁に踏み込まず「事態を注視し、検討していく」というのはいささか遅すぎるのではないか。国軍の資金源となっているとして最大の懸念事項であるODAについても、以下の回答だ。

質問：国際協力機構（JICA）が現在実施している対ミャンマー政府開発援助（ODA）事業や、国際協力銀行（JBIC）や海外交通・都市開発事業支援機構（JOIN）がミャンマー関連で現在融資・出資している事業について、国軍の資金調達の支援に繋がっているとの指摘がある。このような指摘に対し、日本政府は、人道目的のものを除く全ての支援・事業をいったん停止した上で、国軍と関連する企業が事業に関与していないか、または、事業の実施が国軍に経済的利益をもたらしていないかという点について事実調査を実施しているか。実施しているとすればその調査結果を公表するか。実施・公表しないとすればその理由は何か。

回答：日本政府は、事業の円滑な実施のため、必要に応じ各関係機関等と連携しつつ、御

指摘の点について適切に確認をしている。

クーデター直後からODAの停止が言われているが、具体的な調査結果などは公表されず、「各関係機関と連携して、適切に確認を取る」という回答に終始した。すでに2カ月以上が過ぎ500人以上の死者が出ている中で、曖昧な回答を繰り返す外務省に在日ミャンマー人の若者はこう失望の声を漏らす。

「公開質問状に対する外務省の回答を見ましたが『事態を注視し、効果的な方法を検討する』、という曖昧な答えばかりでした。それに加えてCRPHを政府として認めていない。これには日本政府への期待が大きかっただけに、私たちミャンマー人は大変がっかりしました。

すでにクーデターが発生して2カ月も経っているのに、日本政府はいつまでこの事態を検討し続けるのでしょうか。今もなお、ミャンマーでは市民の虐殺が続いています。それなのに日本政府にとって、国軍の資金源となっているODAを止めることはそんなに難しいことでしょうか。

まず、今のミャンマーで起こっている事態は政治問題ではなく人権問題である、ということを認識してもらいたい。民主政権下でやっと手に入れた人権と自由と法による支配が武力で潰されたのです。

日本政府は国軍と独自のパイプを持ち対話ができると言い続けていますが、その対話にはどれだけの時間を要するか教えてほしい。毎日虐殺が続く中、私たちは1カ月も2カ月も待っていられないのです。その間にも武器を持たない市民が犠牲になっているのです。

もし日本政府が国軍と話し合うなら、国軍が武器を下ろすように説得をしてもらうしか道はありません。すでに数百人の犠牲者、数千人の逮捕者が出ている状況では、市民側は国軍と話し合いをするつもりもないですし、例え内戦になろうとも一歩も引くつもりはないからです」

●日本のODAを取り仕切る「日本ミャンマー協会」

4月14日、冷たい雨にも関わらず在日ミャンマー人グループ60人以上が東京・千代田区にある日本ミャンマー協会（JMA）本部前で抗議活動を行なった。抗議活動の主催者は、「日本とミャンマーを繋ぐ太いパイプとは、すなわちJMAと国軍の繋がりであるし、日本政府が曖昧な対応を取り続けるのはＪＭＡの誤った情報が原因だ」と、激しい口調で非難した。

　彼らが抗議を行なったこの「日本ミャンマー協会」は、日本とミャンマーの民間レベルによる経済交流を推進することを目的として設立された。最高顧問に麻生太郎内閣副総理・財務大臣、理事には三菱商事、丸紅、住友商事、伊藤忠など大手商社や企業の元役員、歴代の駐ミャンマー大使、ＪＩＣＡの元理事や甘利明代議士をはじめ、自民、公明、立憲民主の現・元衆参国会議員が就任しており、正会員には日本を代表する大手企業１２７社が名を連ねる。

　この協会の会長を務めるのが自民党出身で元郵政大臣も務めた渡邉秀央氏で、政界を引退後の２０１２年に同協会を設立した。この時期はミャンマーでテイン・セイン大統領（当時）が就任し、民政移管により海外からの投資を呼び込もうとし始めた時期と重なる。

　渡邉氏はビジネスパートナーとなる国軍と太いパイプを持つと言われ、官民一体となった「日本株式会社」のＯＤＡビジネスの取り仕切り役と呼ばれている。国軍ではタン・シュエ将軍から、今回クーデターを起こしたミン・アウン・フライン国軍総司令官まで、歴代の軍幹部と密接な関係を続けている。

ティラワ経済特区の開発、マンダレー空港の改修、バルーチャン水力発電所の補修、ヤンゴン総合病院の医療機器の修復などの日本政府の援助が絡むプロジェクトには、渡邉氏を中心として日本ミャンマー協会の会員企業が協力してきた。

これらプロジェクトは民間の投資、貿易の拡大、技術協力、人材育成などにより、日本とミャンマー双方の経済発展を目指し戦略的関係の構築をするためとされる。そのために日本ミャンマー協会からは会員企業への情報提供、ミッションの派遣などのサービスが提供されている。

中でも、渡邉氏の肝いりとして進められた大プロジェクトがティラワ経済特区の開発である。２０１５年に開業し、現在日本企業だけでも70社余りの工場が集まる、日本のミャンマーでの経済開発事業の象徴でもある。

このプロジェクトは２０１１年、就任直後のテイン・セイン大統領から渡邉氏が、日本の資金供出でティラワ経済特区の開発ができないだろうかという提案を受けて始まった。当時、軍政から民政移管したばかりのミャンマーでは、経済発展の立ち遅れを克服するために、一定の民主化を進めて海外からの投資に門戸を開放する政策を打ち出していた。しかし、アメリカやヨーロッパはまだミャンマーへの進出に慎重であったし、テイン・セイン大統領は軍政時代から続く中国への過剰な依存を避けたいと考えていた。

そこで、戦前・戦後とも歴史的関係が深かった日本を指名したのだ。渡邉氏は大統領の提案を日本に持ち帰り、すぐに巨額の援助と投資、それに加え約50億ドル（約５４００億円）相当の債務帳消しの保証を政府と民間金融機関から取りつけた。

そしてこれを契機に、官民一体となった日本の投資がミャンマーになだれ込んでいく。渡邉氏の政治家時代の政官財コネクションを使い、次々にティラワへの支援策が打ち出されることになる。海外メディアはこれを「黒幕による個人外交」と報道している。

「日本株式会社」がミャンマー側の新しいビジネスパートナーとして手を組んだのは、国軍との関係が深い「クローニー」（取り巻き）企業のひとつ、建設業財閥ドラゴンインターナショナル社の総帥で当時のミャンマー商工会議所会頭ウィン・アウン氏であった。

彼はアメリカ政府のブラックリストに入っており、アメリカ企業とは取引ができなかったのだが、日本はまったく躊躇《ちゅうちょ》をしなかった。ミャンマーもこのパートナーシップへの支援を表明し、ティラワの共同開発に乗り出す。

この進出において日本ミャンマー協会の会員各社は、同協会からミャンマー側とのＯＤＡビジネスの便宜を図ってもらうことになり、その実権を握る渡邉氏には頭が上がらなくなった。

●国軍でも民主派でもODAが優先

その渡邉氏は、2月1日のクーデター直前にもミャンマーを訪問し、1月18日にアウン・サン・スー・チー国家顧問と会談する。第2期となる民主派政権のミャンマーへの日本の投資拡大、教育と健康分野など社会・経済的発展への継続的支援、若い世代に重きをおいた両国民間交流の促進などについて話し合われた。

渡邉氏とスー・チー氏が会うのは今回が初めてで、スー・チー氏側からの招請で行なわれたという。もともとティラワ経済特区は軍事政権時代に始まった事業であり、スー・チー氏は当初大きな関心を示さなかったが、日本のODAに大きな影響力を持つ渡邉氏の存在を無視できなくなったのではないかと見られている。

その翌19日にはミン・アウン・フライン国軍総司令官と会談し、日本ミャンマー協会による両国間の友好の絆を結ぶ活動、軍人同士の協力関係の促進について話し合われた。この2つの会談は現地でも大きく報道された。

その渡邉氏はクーデターが発生し、現地でクーデターに反対する市民のデモが拡大して、

日系企業を中心に約110の工場が入るティラワ経済特区

渡邉氏とミン・アウン・フライン国軍総司令官の会談を報じる現地メディア

国軍の武力弾圧が激化する中で2月19日までミャンマーに滞在した。しかし日本ミャンマー協会は、渡邉氏の帰国後もクーデターに対する声明文を発表していない。

クーデター直前にもアウン・サン・スー・チー氏とミン・アウン・フライン国軍総司令官の双方と会談した渡邉氏と日本ミャンマー協会が沈黙を続けることに、現地では当然、批判の声が大きくなっていく。

特にミン・アウン・フライン国軍総司令官ら国軍幹部と渡邉氏の親密さを指摘し、彼らが投資した事業を継続することへの批判が大きい。そしてアウン・サン・スー・チー氏と初めて会談したのも、第2期の民主派政権でもODAを促進するために保険をかけたのではないかとも指摘されている。そして、今後の取引先がどちらの政権になっても投資されたODAへの影響が出ないように、沈黙を守っているのではないかと言われている。

もちろん渡邉会長と日本ミャンマー協会が、今回のクーデターを支持しているわけではないだろう。民政移管後といっても、当時国営企業しかなかったミャンマーにおいて大規模なODA事業を進めるために、国軍系企業と共同で事業を進めていくのは必然であったのかもしれないし、それがミャンマーの経済発展に大きく貢献してきたことも事実であろう。

しかしそのODAも民主化され安定した投資環境が前提であり、今回のような軍事クーデターが起これば、旧知の間柄であっても厳しい態度と実行力のある制裁で臨むべきではないだろうか。

●現地日本人も9割超が日本のODA停止を望む

このように日本政府やODA関連団体が消極的な態度を貫く中、ミャンマー人はもちろん、在ミャンマーの日本人からもODAの停止と制裁を望む声が上がっている。

4月に在ミャンマーの日本人経営者などが、日系企業に勤める日本人とミャンマー人を対象にアンケートを実施した。日本人の4分の1は大手日系企業勤務である。

その結果は日本人の8割以上、ミャンマー人の9割以上が、日本は何らかの経済制裁を発動すべきだと回答している。新規のODAについては日本人、ミャンマー人ともに9割以上が停止すべきだという、厳しい対応を求める回答であった。

国軍や国軍系企業と直接取引関係のある日系企業については、日本人の51・9%が「関係解消もしくは事業撤退すべきだ」と答えた。日本政府の国軍への対応をめぐっては「配慮しすぎ」などという回答が日本人でも71・1%にも上り、国軍へのより厳しい姿勢を取るべきとの認識であった。

回答には「日本が強調する独自のパイプが何なのか疑問である」「国際社会と足並みを揃えるべきだ」と、日本政府への対応の甘さを指摘する声があった。

●党派を超えて厳しい声明を出す動きもある

政府の具体的な動きが見えない一方で、4月、自民党・国民民主党など超党派の国会議員が、中谷元・元防衛相と国民民主党の山尾志桜里衆院議員を共同代表として「人権外交を超党派で考える議員連盟」を設立させる。

外国での人権侵害に関与した個人・団体に制裁を科す「人権侵害制裁法案」を国会に議員立法で提出し、国会での成立を目指す。「人権外交」で動きの鈍い政府に国会が具体的な行動を迫る形だ。アウン・サン・スー・チー氏とも何度も会談し、日本・ミャンマー友好議員連盟会長の職にある逢沢一郎氏も強い言葉で国軍を非難する。

「110人を超える死者を出した国軍記念日以降も連日市民から死者が出ている。国民の予想外の強い抵抗に国軍はいらだち、力で押さえつけようと逆上したような状況だ。日本

日本・ミャンマー友好議員連盟会長・逢沢一郎氏は日本のODAの即時停止を訴える

は国際社会の圧力で国軍の暴力行為を一刻も早くやめさせ、今の状況ではミャンマーの未来は全く開けないことを国軍に気づかせなければいけない。『日本も欧米の制裁に続け』という論調があるが、欧米の制裁の大半は特定の軍人の資産を凍結するやり方で、実際の効果はそれほどないのではないかと、私は感じる。やはり一番効果があるのは日本が政府開発援助（ODA）を止めることだ。私の認識では事実上、新規のODAは行なわず、決定したODAでもまだ始まっていないものは凍結する。このほうが打撃は大きいだろう。一方でODAを止めると国民生活も含めて国全体に影響が及んでしまう。残念ながら国軍だけに打撃を与えるやり方はない。そのことをミャンマーの人々と国際社会に理解してもらいながら、日本も各案件を判断していかなければならない。日本ができることは話し合いの場を作ることだ。国軍には全くその気がないが、あきらめずに説得を続けることが大事だ。私たちは今回のクーデターは絶対に認めないし、国軍のミャンマー支配を容認することも絶対にない。私たち日本は『アウン・サン・スー・チー氏が率いるNLDを始めとした選挙で選ばれた人たちがミャンマー国民を代表する人たちだ』とブレずに考えていると、ミャンマー国民の方々にはお伝えしたい」と発言している。

国会内にも国軍の市民虐殺を人権問題ととらえ積極的な制裁を求める議員もいるが、それが主流となっていないのが、もどかしいところである。

●日本政府には1年後ではなく、20年後を見た判断が必要

ミャンマー国民はもちろん、現地の日本人も9割が強い制裁を望む中で、日本政府の曖昧な態度に失望が広がっている。民政移管直後であれば、安定した国営企業とパートナーシップを組みODAを進めるのは当たり前であったかもしれない。

しかしこの2月1日で情勢は一気に変わった。このクーデターでいざとなれば市民の虐殺も平気で行なえるという、国軍の本性があらわになったのだ。日本政府とODA関連企業も、国軍の残虐さが分かった今、彼らとは早急に手を切るべきである。

日本政府が唱えてきた国軍との独自のパイプが役に立たず、彼らを話し合いのテーブルにもつかせられないのならば、それはただの「利権のパイプ」でしかなかったのだろう。

日本が短期的な利益だけを見た曖昧な態度を続ける中で、100％親日と言われたミャンマーのZ世代からは日本政府に対し厳しい声が上がり始めている。Z世代のエンダラさんはこう話す。

「クーデターの発生後、私たち若者世代は今の日本政府の対応に非常に注目してきました。日本政府がいう国軍との太いパイプを使って、国軍を話し合いのテーブルにつかせ、万が一にでも国軍を説得できるのでないか、日本はミャンマーの救世主となってくれるのではないか、そう期待をしていました。しかし現実には既存の利益だけを考えて、国軍の資金源となるＯＤＡをいつまでも止めない。口では非難しても、ただ事態を静観するだけです。これには、私たち世代の中からも親日から嫌日に変わってきた若者たちが多いのです」

今の日本政府には目先の利益や判断ではなく、将来を見据えた対応を取ることを切に願う。10年後、20年後には、彼らZ世代も国を担う中核世代に成長しているであろうし、経済も再び高成長を続け、間違いなく世界から注目をされているだろう。その彼らが現在の日本の対応に失望したならば、将来的には経済はもちろん民間外交も、今のような親日一辺倒ではなくなってしまう。むしろ嫌日の国家になっている可能性まであるのだ。

第六章　軍事政権と市民の間で板挟みになる日本企業

●クーデターで延期となったトヨタ自動車工場の開業

「トヨタがティラワ経済特区に組立工場を2月27日に開設――」。

これは幻となってしまった「ＭＹＡＮＭＡＲ ＪＡＰＯＮ」の記事の見出しである。記事では「トヨタ自動車はミャンマーで初めてとなる車両生産会社『Ｔｏｙｏｔａ Ｍｙａｎｍａｒ Ｃｏ., Ｌｔｄ.（ＴＭＹ）』を設立し、２０２１年2月よりピックアップトラックのハイラックスの現地生産を開始する。ミャンマーは経済発展に伴う新車需要が大幅な伸びを示している。トヨタは現在、ミャンマーにおいてハイラックスのほか、ＶＩＯＳ（ヴィオス）、Ｒｕｓｈ（ラッシュ）などを輸入して販売しているが、今後も着実に拡大する市場を見据え、現地生産を進めていく。新会社ＴＭＹへの投資額は約５２６０万米ドル、トヨタのほかミャンマーで様々な事業を展開する豊田通商も15％を出資し、約１３０人の新規雇用も予定している。新工場は、最大都市ヤンゴンの南部近郊に位置するティラワ経済特区に建設。２０２１年の稼働当初は、ＳＫＤ（セミノックダウン方式）でハイラックスを年間約２５００台生産する予定」

このように、トヨタ自動車のミャンマー進出という一大プロジェクトを紹介する予定だった。この工場の開業式にはアウン・サン・スー・チー氏もメッセージを送る予定になっていた。自動車メーカーが進出すると、それに関連した部品工場も一緒に進出する。そこで多くの雇用も創出され、大きな消費も生まれる。

まさに日本とミャンマーのより強固な経済的な結びつきを象徴する目玉プロジェクトとなるはずであった。しかし、クーデターにより政権を奪取した軍事政権に対して国民の抗議デモが続く中で稼働を開始すると、軍事政権を承認したとみなされること、そして稼働後も軍事政権に対して納税すると市民からの批判を受けるのは必至であることから、開業を延期するという決定が下された。

民政移管したテイン・セイン政権の下で、「アジア最後のフロンティア」といわれたミャンマーにはクーデター前までは４００社を超える日本企業が進出しており、日本政府も積極的にそれを後押ししてきた。２０１１年以降の累積の円借款も1兆円規模に達している。しかし今回のことで、ミャンマーはいつでもクーデターが起き得るカントリーリスクの高い国に戻ったことが証明されてしまった。そのような中で現在、ミャンマーに進出した日本企業は撤退か事業継続かの厳しい選択を迫られている。

●一足早く開業したティラワ経済特区

ティラワ経済特区は日系企業70社を中心に110を超える企業が集まる、ミャンマーで最も早く開発が始まった経済特区だ。2011年の民政移管後、外国企業を誘致し産業の発展と雇用を確保するのを目的に、ミャンマー政府が土地を提供し特例的な優遇措置を適用する経済特区の開発・建設が計画された。そのためにミャンマー政府は、異なる国と組んでそれぞれのアドバンテージを生かした3つの経済特区の計画を進めた。

中国とはインド洋に面するチャウピュー港（深海港）とその後背地の開発をメインとしたチャウピュー経済特区。タイとは国家プロジェクトとしてバンコクから300キロに位置するダウェイ経済特区の開発に取り組む。そして日本の全面的な協力で進められたのがヤンゴン郊外に位置するティラワ経済特区だ。

ティラワ経済特区は2012年の日本・ミャンマー首脳会議において、「ティラワ港の後背地（河川港）2400ヘクタールの開発および周辺インフラ整備のマスタープラン策定に関する意図表明覚書」が締結されてプロジェクトがスタートし、3つの経済特区の中

今年2月に開業予定だったティラワ経済特区内にあるトヨタの工場

2012年にミャンマーに進出したハニーズの工場の作業風景

で開発、建設が最も早く進んだ。急速な発展で土地の確保が難しくなりつつあるミャンマーであったが、400ヘクタール（東京ドーム85個分）の開発を終え、2015年9月には開業にこぎつけた。周辺を含め735万人の消費市場を抱える最大都市のヤンゴンから23キロの近さで、輸送や人材の確保などで大きなアドバンテージを持っていた。

それに加えて、2010年頃からの数年というと、日中関係が悪化し人件費の急上昇で中国に進出していた日系企業の間で脱中国がささやかれていた時期と重なる。それが2012年9月に起きた尖閣諸島問題で現実的なものとなり、在中日系企業の間では脱中国とチャイナプラスワンが喫緊の課題となっていた。

中国に工場を持っていた婦人服の製造と小売りを手がける「ハニーズ」（本社・福島）は2012年、一足早く縫製工場をミャンマーのヤンゴン郊外のミンガラドン工業団地に移し、現在は約3600人の従業員を雇用するミャンマー進出の先駆け企業となっている。

2015年のティラワ経済特区の開業後は、自動車のスズキ、ヤクルト、ワコールなど日本の大手企業も続々と工場を開業し、操業を開始した。クーデターが起こる前には、日系企業を中心に経済特区全体で数万人を雇用していたといわれる。

●致命的なインフラ不足が、外資企業の進出で大幅に改善

「アジア最後のフロンティア」と呼ばれ、日本企業からも熱い期待を寄せられていたミャンマーだが、当初は外国企業がスムーズに進出するために必要な道路、電力、通信、上下水道などのインフラはとても整っているとは言えない状態だった。

私がミャンマーに会社を設立した2013年当時は、完全に舗装されていない道路が多く、雨季になり道路が冠水すると不慣れな日本人駐在員は足を取られて怪我をすることもあった。また、特に電力不足による停電は深刻で、4月から6月にかけての猛暑の時期でも一日3時間、5時間と日常的に停電が頻発した。エアコンはもちろんストップし、スーパーでは停電で解けたアイスがもう一度凍り、販売されていることもあった。そのため電力不足で工場の生産にも大きな支障が出る状況で、ミャンマー政府も改善のため経済特区には全力を注いでいた。現在は外資系企業による発電所の建設も進み、電力事情は大幅に改善されてきている。

業務上、最も問題だったのがインターネットスピードの致命的な遅さであった。当時の

インターネットの回線速度は0.01 Mbpsという信じられない遅さで、1MBの写真データを送ろうとすると、すぐにフリーズしてしまい送信不可となるのは当たり前であった。

しかし、この通信環境の劇的な改善に貢献したのも日本企業である。日本のKDDIと住友商事が現地に合弁会社を作り、日本のNTTにあたる通信会社MPT（ミャンマー国営郵便電気通信事業体）と、2014年9月より共同で通信事業を展開したのだ。約2500億円を投資してミャンマー国内に中継局、アンテナを次々に建設していき、第4世代高速通信（4G）もいち早く導入した。

これによりヤンゴンなどの都市部であれば、モバイル通信速度は日本とほぼ変わらないレベルにまで改善された。2014年時点で約10％だった携帯電話の普及率も、現在100％を超えるまでになっている。

●稼働をほぼ停止するティラワ内の工場

民主化から10年をかけ、日本企業の貢献もあり基本的なインフラも大幅に改善されたミャンマー。現地に進出した日本企業の多くも、ミャンマーと共にこれから成長していくことを期待していた。しかし、クーデターが起きてからすでに4カ月。多くの日系企業の事業が停滞したままだという。

ティラワ経済特区にある工場も国軍に対する市民不服従運動（ＣＤＭ）で、大部分の従業員が出勤しておらず、ほとんど稼働していない状態だという。出勤しようとする従業員には、他の従業員から出勤しないようにと同調圧力がかかるという。

また、ＣＤＭに参加していなくとも、工場へ向かう通勤途中に突然治安部隊により逮捕、拘束される恐れがあり、安全が確保できないために出勤できないという従業員もいると聞く。

資材の調達も大きな問題となっている。クーデター後、ミャンマーの港では通関手続きが滞っているために、タイから陸路を使ってミャンマーへ資材を輸送するルートが使われるようになってきている。しかし、こちらも国境で止められてしまい資材が調達できず、ワコールの縫製工場などは操業停止に追い込まれているという。

２０１８年にミャンマーへ進出し、ティラワ経済特区の中に製造工場があるヤクルト。昨年から新型コロナウイルスの感染拡大で、ミャンマーでは免疫力向上への期待感から乳酸菌飲料への関心が高まる。ヤクルトの売り上げも倍増し、ティラワの製造工場も増産体制で稼働していた。

ヤンゴン市内でも日本と同じくヤクルトレディが街中での販売活動を展開しており、私たちのオフィスにも販売に来てくれた。応援も兼ねてよく購入していたが、もちろん教育が施されたミャンマー人のヤクルトレディだ。しかし、このヤクルトの製造工場も在庫の状況を見て、現在ではわずかながら不定期で工場を稼働させているだけだという。賞味期限のある商品の安定供給には、まだ程遠いのが実情だろう。

●建設業もほぼ事業を停止

クーデターにより一番大きな影響を受けたのは建設業である。建設業界ではODAの案件も含めた大規模な事業を多く抱えるが、5月現在でほぼすべての建設現場は中断した状態だという。現場の多くの作業員がCDMに参加しているのに加え、夜間には国軍や警察隊による逮捕、拘束の恐れがあるため治安が安定せず、現場で働く作業員が集められない。それに加えて、建設資材が入ってこないために工事を再開できないのが現状だという。

ヤンゴンの中心部でも、三菱商事などが手がける「ヤンゴンの丸の内開発」とも呼ばれている「ヨマ・セントラルプロジェクト」が停滞している。事業の遅れは昨年からのコロ

ヤクルトは2018年にティラワ経済特区に工場を開業し好調な売り上げだった

資材や人材が確保できず工事現場ではほとんど工事がストップした

ナ禍から続いていたが、市民のデモと国軍との対立激化で工事も難航。さらに完成予定を再検討しなければならない状況だという。

●銀行の業務停止で現金確保に奔走する日系企業

工場や建設現場のほとんどが事業停止となる中で、日系企業はさらに多くの問題に直面している。ティラワ経済特区を始め、多くの工場で働くミャンマー人従業員は銀行口座を持っていないことが多い。そのために給料は現金で支払わなければいけないところが大多数だ。しかし、多くの銀行の行員もCDMに参加しているために、窓口業務がストップしているところばかりである。

4月からは軍事政権からの通達で、ATMで1日に500000チャット（約3・5万円）まで現金が引き出せるようになったが、それも民間銀行は守ることができず、1つの銀行で先着50人、引き出し額も半額の250000チャットなどと制限されているのが実情だ。そして5月になってからは一週間当たり2000000チャットと、ますます現金の引き出しが制限されている。

このような慢性的な現金不足のため、従業員に支払う現金を確保するために日系企業社員は奔走することになる。

ある日系企業の経理担当社員は、大手のCB銀行に知人がいたため1日5000ドルを引き出せるようになり、なんとか現金を確保したという。インフラ系企業の日本人は銀行と直接交渉し、これまでの取引実績もあったため、給料日から数日遅れる程度で従業員へ給与を支給することができたという。こちらの企業は比較的スムーズにいった例であるが、大手でも未だすべての従業員に給与を支払えていない企業もあるという。

給与の支給に関してさらに日系企業が頭を悩ませるのが、CDMに参加する従業員への対応の問題である。これは各日系企業によって対応が分かれているという。ミャンマーの法律に照らし合わせれば、出勤していない従業員には給料を支払わなくて良いし、解雇することもできる。

しかし現状は、そのような対応をすれば、あそこは国軍を支持する会社だとみなされ、市民の反発が強くなる恐れが高い。さらにクーデターが終わった後に、従業員を再雇用しようと募集をかけても人が集まらない可能性もある。そのため、CDMに参加している従業員にも給料を支払い続ける超法規的な対応を取っている日系企業も多いという。

もう一つ、日系企業を悩ませるのが税金の問題だ。ミャンマーでは日本の消費税に相当する商業税があり、企業間取引にも5％の商業税が課税される。従業員が支払う所得税に関しても、企業が給料より源泉徴収し、政府に納めるシステムになっている。

この税金の支払いを巡って、民主派の国民統一政府（NUG）と軍事政権の間では対立が起きている。NUGは企業の税金については9月まで支払いを免除するので、現在急いで支払う必要はないという。それに対し軍事政権側からはすぐに払えと催促され、もし支払わないとペナルティを課される可能性もある。

しかし軍事政権側に税金を払うと国軍の収入源となり、市民から反発を受けるのは必至の状態である。この二重政府状態のため現状どのように税金を支払うべきか判断できないことで、徴収した税金は納付せず一時保留にしている日系企業が多く、非常に頭の痛い問題だという。

●ほとんどの日系企業は一時撤退を選ぶ

このように工場などがほとんど操業停止を続ける中で、このまま残るべきか、それとも帰国するべきなのか。駐在員はじめ多くの在ミャンマーの日本人は選択を迫られている。クーデター前には約３５００人いた日本人も、５月初旬に残っているのは７００〜８００人となり、６月にはさらに減少するとまで言われている。

帰国を決断するのは「安全面への懸念」と「現状の業務が続行不可能」という2つの大きな理由であろう。安全面については、ヤンゴンでは5人以上の集まりを制限した集会制限法の施行と国軍の弾圧により大規模なデモ活動が減り、３月までと比較すると治安部隊との衝突は減っている。

生活面ではパスポートを携帯し、危険と言われるエリアに近づかないように注意して行動すれば、大きな危険に巻き込まれる可能性は低いという情報がある。しかし、状況が急遽悪化するというリスクは常に存在しているため、日本への帰国を選ぶ人は多い。

日本人ビジネスマンの間では、やはりＣＤＭの影響でヒト・カネ・モノがストップし、経済活動がマヒしているために事業の継続が不可能として帰国を決める人が絶えない。実際に、ＣＤＭによる経済の停滞は軍事政権側にも大きなダメージを与えている。

予想以上の市民の抵抗にいら立った軍事政権が、ＣＤＭに参加している教職員に圧力をかけて、給料の返納や国軍不敬罪での訴追をちらつかせて脅し、約20万人を元の職場に戻らせている。ローカル系銀行にも圧力をかけ、4月末までＣＤＭを続ける従業員は解雇をするという通告を出し、強引に職場へ復帰させようとしている。しかし大部分の市民は依然としてＣＤＭへの参加を続け、抵抗を継続している。

駐在員などは当然、ビジネスをするためにミャンマーへ赴任してきたのだから、事業を継続できずに日本への帰国を選択するのは苦しい選択であろう。その一方で、民主政権下で安定したビジネス環境と経済成長が約束されていたので、多くの日系企業も安心してミャンマーに進出できたともいえる。それを取り戻すためにミャンマー市民が抵抗運動を続けることを100％否定することはできない。

しかしこのような状況でやむなく帰国を決めたどの日本人ビジネスマンに聞いても、「これはあくまでも一時帰国で、絶対に戻ってきたい」という熱い思いを持った人が多い。今は業務続行が不可能だが、もし1年後に国が正常化したならば必ずミャンマーに戻って来ると、皆が口にする。

日本への帰任を選んだ建設系の駐在員の中には、帰国後もミャンマーと日本の架け橋として忙しく働いているというケースがある。帰国した現在は日本で仕事の受注を増やし、その一部業務をミャンマー側に発注して、ミャンマー人スタッフの雇用を継続しようと努力しているという。

　世界銀行の見通しでは、今年のミャンマーの経済成長率はマイナス10％まで落ち込むと予想されている。そのため今後ミャンマー経済が停滞することは避けられず、すでに路上にはホームレスが増え、仕事はおろか食にも困る人が増えてきているという。そのような中でも、すでに日系企業や日系団体から食料支援を行なう動きが出てきている。将来的には日系企業は、こうした分野での現地の貢献をより求められるかもしれない。

　軍事政権と市民との間に立たされ、自らも苦しい立場にある日系企業ではあるが、撤退かとどまるか、どちらを選んでも、ミャンマーという国に何ができるのかを常に考え、寄り添っていくこと。それこそが、ミャンマーが安定した社会に戻った時に、日系企業を受け入れてもらえる土台作りになるのではないだろうか。

第七章　ミャンマーへ触手を伸ばす中国

●中国依存外交を進めてきた軍事政権時代

数多くの日本製中古車が行き交うヤンゴンの繁華街。頭上を見上げるとスマートフォンを手に微笑む美女の巨大な広告が掲げられ、サインボードには「HUAWEI」の文字が刻まれている。家電量販店に入ると「Haier」の冷蔵庫、「Midea」の電子レンジが一番目立つ場所に陳列されている。ヤンゴンやマンダレーなどの大都会はもちろん、ミャンマーの地方都市でも中国製品が溢れかえっている。

ミャンマーの貿易相手国を見ると、直近のデータでは中国が輸出の33・4%、輸入の32・2%を占め圧倒的な1位となっている。

この原因は長年の軍事政権下での民主化運動の弾圧が背景にある。1988年の「8888」民主化運動を武力で鎮圧し、1990年に行なわれたアウン・サン・スー・チー氏率いるNLDが圧勝した総選挙の結果を認めず、そのほかにも国軍は何度も民主派の動きを弾圧してきた。そのような軍事政権に対して、アメリカはいくつもの対ミャンマー制裁法を制定して様々な経済制裁を科していく。欧州連合もこれに追随したためミャンマーは国際社会から孤立していった。

その孤立したミャンマー政権が頼ったのが、隣国の中国との国境貿易であった。中国もヒスイやルビーなどの宝石、石油や天然ガスなど、ミャンマーの豊富な天然資源を欲していたため、利害の一致した両国は国境の接する中国の雲南省を通じて陸路貿易を展開する。

もともとミャンマーは、２０１１年までの軍事政権下では「中国依存外交」だった。しかし、民政移管後は欧米との関係を緊密化し、中国と西側諸国を天秤にかけながら国益を導き出す「バランス外交」に転じた。だが、今回のクーデターで国際社会から孤立し、再び中国との関係を強化する方向に舵を切っているように見える。

実際にクーデター前後の動きとして、1月12日にミン・アウン・フライン国軍総司令官と中国の王毅外相が会談を行なっていたため、この時にはクーデターの計画は伝えられていて、中国に理解を求める何らかの根回しがあったのではないか、と疑われている。

クーデターが起きた当日の中国外交部の定例記者会見でも、「我々はミャンマーで起きている状況に注目し、さらに理解しようとしている。中国はミャンマーの友好的な隣国であり、ミャンマー各方面が憲法と法律の枠組みのもとで妥当に対立を処理し、政治と社会の安定を維持するよう求める」と、国軍を非難せず、政変という言葉すら使わなかった。

官製メディア「新華社」も異例の速さで詳細に事態の推移を報じたが、ミャンマー国軍側の説明をそのまま引用したもので、「政変ではなく現政府に対する大規模な組織改革」と報道された。

ミャンマーのクーデターを受けて2月2日に緊急招集された国連安全保障理事会でも、各国が連携しクーデターを非難する声明を発表しようとしたが、常任理事国の中国の反対でまとまらなかった。これらミャンマー国軍を利する中国の対応に、もともと嫌中感情の強かったミャンマー人の中国への怒りが爆発する。

●反中デモから中国製品不買運動まで起こる

「中国から来たインターネット技術者は早く出ていけ!」、「独裁者を支持するな」。2月10日、ヤンゴンにある中国大使館の前では、数百人のデモ隊が中国語と英語で書かれたプラカードを掲げて、中国への抗議活動を行なった。今回のクーデターで国軍の後ろで中国が関与している、中国が武器や技術者を提供し国軍を支援している、と考えられる証拠がメディアやSNSなどで次々と拡散されたからだ。

ヤンゴンやマンダレーでは中国製品のアーケード広告が溢れている

クーデター後は嫌中が広がり中国大使館前では反中デモが行なわれた

地元メディアによると、クーデター発生直後にミャンマー国軍は国際航空路線を閉鎖した。しかし同日、中国・雲南省昆明市から貨物機5機がヤンゴン国際空港に到着した。これらの便には国民のネットアクセスを制限する技術を持つ中国から、「ミャンマーのネットワークを封鎖するための技術設備と技術者を載せてきたのではないか」と疑われた。さらには「民衆を鎮圧するための武器や軍隊も乗っていた」など、様々な憶測を呼んだ。

他のSNSでもマンダレーに展開している国軍の中に、色白で中国人のような顔つきの武装兵士の姿があると投稿され、「すでに国軍兵士の中に中国の人民解放軍兵士が紛れ込んでいるのではないか」と噂が広がっていく。

これらの情報が拡散されていくと、ミャンマー市民の間で中国製品の不買運動が始まった。市場の生鮮食料品市場で果物を買う時も店員に産地を確認し、中国産は拒否する。ミャンマーのスマートフォン市場でトップシェアの「HUAWEI」、「OPPO」、「Vivo」などの中国製スマートフォンも不買が起こる。さらには若者に人気の中国企業が開発した投稿アプリの「TikTok」の利用を止める人々も続出した。

3月14日にヤンゴンで発生した大規模火災では、中国系企業の縫製工場が何者かに襲撃され、放火とみられる火災が発生した他、複数の中国系工場でも火災が起きた。中国官製メディアの「環球時報」は、合計32件におよぶ中国資本の工場が破壊され中国人従業員2人が負傷。建物の損害額も2億4000万元（約3700万ドル）に達すると報じ、「中国企業に対する『悪意ある』攻撃だ」と伝えている。

ただし、一般市民からは国軍による自作自演だという声があり、こちらのほうが真実味がある。とにかく、大多数のミャンマー人が中国政府や企業、中国人を嫌っているのは間違いない。

●一部の華僑が多くの富を独占するミャンマー

ミャンマー人が中国人を嫌う理由の一つに、一部の華僑がミャンマー経済の多くを独占していることにもある。国民の90％を敬虔な仏教徒が占めるミャンマー人は、穏やかで金儲けや商売が苦手な人が多い。そんなミャンマーではいつの間にか一部の華僑が経済の実権を握るようになってしまった。

彼ら華僑は祖父母以前の代に中国から移民してきた。必ずしも中国共産党の支持者だというわけではないし、嫌中の人も多い。私が以前、華僑のビジネスパーソンと会食した際に「永杉さん、我々華僑が一番嫌う民族は誰だか分かりますか。それは文化大革命以降の中国共産党の中国人なのです」と、はっきり言われた。

ただ彼らは中国語が話せるので、中国相手に商売ができるという利点があるのだ。しかしミャンマー人にとっては華僑も中国共産党も同じように感じ、中国を嫌っている人が多い。

さらにミャンマーが抱える少数民族問題を中国が利用してきた歴史もある。中国と国境を接するミャンマー北部の山岳地帯に住むカチン族やシャン族は、中央政府からの分離独立運動を続けているが、それを後方から中国が武器や弾薬などで支援していると言われる。独立後も続く少数民族問題を中国が利用し、複雑にさせていることも中国への反感を強くする一因となっているのだ。

●ビジネスでは付き合いたくない中国人

今回のクーデターでの中国によるミャンマー国軍への支援と、長い歴史で培われてきたミャンマー人の嫌中感情には非常に根深いものを感じる。私もビジネスでミャンマー人の方々と話をするが、彼らはこう中国人を評価する。

「もしビジネスパートナーならば中国人は一番組みたくない相手ですね。仕事のやり方も強引で、ずる賢い感じがします。それにミャンマー人を見下しているのを端々に感じます」と、かなり手厳しい。

「それに2011年以前の軍事政権下では、欧米からの制裁で中国企業としか付き合えなかったので、進出しているのはほぼ中国系企業だけだった。中国との一大プロジェクトとして建設されたチャウピュー石油・天然ガスパイプラインでも、その権益の90％を中国の企業に持っていかれてしまい中国側に搾取されているだけです。鉱山開発で重大な環境被害が起こり、住民に重篤な健康被害が起きても強引に開発を続けようとします。ミャンマーのヒスイやルビーの採掘鉱山でも、ダイナマイトで山ごと爆破するような強引な開発を進めるのです。もし中国国内でならそんな強引な方法は取らないでしょう。こういう事例が積み重なってミャンマー人の嫌中感情が次第に強くなっていったのです」

●住民の生活を奪い重大な健康被害を引き起こす開発

彼が例に挙げたプロジェクトを始め、多くの中国との共同開発事業では、強引な開発や

中国のエネルギーの生命線ともいえる天然ガス・石油パイプライン

住民からの反対で建設が停止されているミッソン水力発電ダム

深刻な環境被害、住民とのトラブルを引き起こし、大きくニュースで取り上げられてきた。民政移管前、軍事政権時代の２００９年12月にミャンマー電力省と中国電力投資集団公司が開発に合意し、プロジェクトがスタートしたのがミッソン水力発電ダムだ。

ミャンマー北部カチン州ミッソンにあるエーヤワディー川の源流になる地点に総工費36億ドル（約４０００億円）をかけたダム建設が計画される。ダムの高さは１５２ｍ、発電能力６０００メガワットの水力発電を予定。７００㎢を超える面積のダム湖ができることによって、60の村が水没するとされていた。

２０１０年には先に６つの村の住民が移転させられるも、非常に不利な補償基準に合意させられ、移転させられた場所も生活基盤が整っていなかった。それに加えて発電量の90%が中国に輸出され、中国は雲南省の開発にその電力を使う構想を描いていたとされる。これらの実態が明らかになり、建設に反対する民衆の怒りが表面化。２０１１年に当時のテイン・セイン政権により工事の中断が決定された。

ミャンマー政府が委託し、２０１４年に実施された環境アセスメントでも、ダム建設は広範囲にわたってエーヤワディー川の流れを変えかねないとして、建設中止が強く勧告された。

だが中国はたびたびミャンマーに対し、ミッソン水力発電ダム建設の再開圧力を強めてきた。それに対し、住民の反対運動が起こり、２０１９年の建設再開に反対する住民デモでは４０００人以上が参加している。

２０１９年、アウン・サン・スー・チー政権時代には、中国側は建設工事契約に基づき、ダム建設中止の場合には多額の契約違約金やこれまでの投資への損害賠償金を要求する構えをみせる。

中国が「一帯一路」構想で使う常套手段だ。こうして債務不履行に追い込み、所有権、借用権で実質的に中国が支配し運営管理に乗り出そうと、建設再開へ圧力をかけてきたのだ。

この中国の強引なやり方に住民の反対はますます強くなっていった。現在も工事は暫定的に中止されているが、完全中止を求めて住民の反対運動は続いている。

もう一つ、ミャンマー中央部のモンユワ銅山で進められた開発事業は、悪名高いレパダウン銅山の開発プロジェクトも含まれていて、住民からの激しい抗議活動が起きた。この事業は２０１２年にミャンマー国軍系企業の「ミャンマー・エコノミック・ホールディングス」（ＭＥＨＬ）と中国のワンバオ社により進められた合同事業である。

ＭＥＨＬは立ち退《の》きに同意した農家に対し、１エーカー当たり６１０米ドルを補償したと伝えられているが、実際には正式な通知も無いまま、勝手に自分の農場を中国企業に貸し出された村民も多くいた。

さらには１９９０年代に投棄された鉱山からの有害廃棄物が十分に除去されておらず、住民は深刻な健康リスクにさらされていた。そのため住民は政府に対してプロジェクトの中止を求めて抗議活動を行なった。２０１２年の抗議デモの参加者に対し、警察は火炎爆弾、リン酸爆弾、ナパーム弾、有毒性が高い白リン弾までデモ参加者の鎮圧に使用し、約50人の僧侶たちが重度のやけどを負った。

これは住民に対する攻撃であり、デモ隊に重火器を使った国際法に違反する重大な犯罪行為であった。２０１４年には警察の発砲で数人の負傷者以外に、女性１人が死亡した。

中国がミャンマーで進める事業の多くは国軍系企業と合弁を組み進めていくが、住民を無視した強引な開発や、時には反対デモの参加者に武力を使ってまで鎮圧する。特に習近平政権以降は途上国の人々に対して居丈高な態度で接することが多い。

何より資源を中国に持ち去ろうとする意図があからさまに見えてしまう。現地の住民はもちろん、ミャンマーの人々の反発を招くのは当然であろう。

●日本の安全保障にも直結する重大な危機

同じように中国から多額の投資を受けて開発を進めたスリランカでは２０１７年、巨額の債務のためにハンバントタ港の運営権を中国に奪われ、99年間の中国の租借地となった。

このような事態を警戒したミャンマー政府は、借金をせず事業費を圧縮する方向に計画変更を図ったのだ。しかし現在、国軍によるクーデターにより欧米諸国からの非難を受け、ミャンマーは経済的に再び中国寄りに舵を切り始めている。事実、５月７日には中国からの25億ドル（約２７００億円）もの液化天然ガス発電事業を認可している。

また、チャウピュー港は深海港で、大型の軍艦などの寄港も可能になるとみられる。すでにスリランカのハンバントタ港を租借地とした中国が、チャウピュー港の実権まで握ったならば、インド洋の覇権を中国に握られる可能性が大きくなり、世界情勢は不安定化する。中東からの石油をインド洋からマラッカ海峡を通過する海上輸送に依存している日本にとっても、文字通り致命的なエネルギー危機となり得るのだ。石油や天然ガスなどのエネルギーや海上輸送を、マラッカ海峡や南シナ海に依存しなくなった中国が、その海域を

深刻な健康被害を引き起こしているレパダウン銅山のデモの風景

中国が開発を進める深海港のチャウピュー港

封鎖することで日本や台湾などに圧力をかけることも容易に想像できる。もしミャンマーが中国にチャウピュー港の実行支配を容認するならば、日本の生命線であるエネルギー輸送で、まさにのど元に刃を突き付けられたような危機に直面するのだ。今回のクーデターに乗じて一気に進められる可能性のある中国の野望を、日本は諸外国とともに協力して、何としても阻止しなければならない。

第八章　アウン・サン・スー・チー氏と父アウン・サン将軍

●自己犠牲も厭わず民衆のために生きたアウン・サン将軍

「鋼鉄の蘭」。ミャンマーは野生の蘭の宝庫で、アウン・サン・スー・チー氏も好んで髪に蘭の花を挿す。その凜《りん》とした姿に蘭の花がよく似合うからか、彼女は「鋼鉄の蘭」と呼ばれ、時に「女性版マンデラ」「ビルマの星」ともいわれる。ミャンマーにおける非暴力民主化運動の指導者で、1988年に結成した国民民主連盟（NLD）の党首、1990年にはノーベル平和賞を受賞している。

2016年にNLDが政権を獲得すると国家顧問兼外相に就任し、ミャンマーの実質的最高指導者として国家の指揮を執ってきた。「ビルマ建国の父」と呼ばれるアウン・サン将軍を父に持ち、ビルマ民主化運動の象徴でもある。ミャンマーの首都がヤンゴンではなくネピドーだと知らなくても、日本人の誰もが彼女の名前を知っていると思う。

アウン・サン・スー・チー氏は1945年6月19日、イギリス統治下のビルマの首都ラングーン（現在のヤンゴン）で、父アウン・サン将軍と母キン・チーの第三子として生まれた。上には二人の兄がいる。1947年7月19日、ビルマの独立を主導してきた父アウン・サンは、政敵ウー・ソオの部下により暗殺されたといわれる。ビルマは翌年1月4日に独立を果たすが、それを目にすることはかなわなかった。

この時、スー・チー氏はまだ2歳であり、独立運動を牽引してきた偉大なリーダーを亡くし国民は深い悲しみに包まれた。彼が暗殺された7月19日はアウン・サン将軍の命日、殉職者の日として現在も毎年追悼式典が開かれ、全国民が追悼する日となっている。

アウン・サン将軍が没してすでに74年が経つ。しかし、なぜ今も彼がこれほどまでに国民に慕われているのか。それは彼が純粋なビルマ人であり、実直で飾り気がない性格であったこと、優しく思いやりのある人柄が人々を引き付けてきたからだと伝えられている。ミャンマー人の間に彼の人柄を表すある逸話が伝えられている。

「アウン・サン氏は将軍という地位にあっても自分の洋服を3着しか持っていなかった。映画を観る時もお金が無いので最前列のゴザがひかれただけの一番安い座席で観ていたという。ある日、たまたま車で道端を取りかかった時に上着も着ていない人がいた。彼はすぐに車を止めてその人に自分の上着を着せ『あなたが着る上着さえも持っていないのは私にも責任がある』と言ったという」

私利私欲に走らず、常に国と民衆のことを考え、人への思いやりに満ちた生き方をしていたことは、彼が残した「あなたが政治を考えなくても、政治はあなたを考える」、という政治理念にも表れている。自分の欲を捨て、自己犠牲を厭わず民衆のために生きる彼の姿は、ミャンマー人が理想とする生き方を体現していたといえる。

今回、クーデターを起こした国軍への抗議活動でも、2月から連日激しいデモが続いていたが、アウン・サン将軍の誕生日の2月13日のデモでは、参加者の一部がシュプレヒコールを中断して、アウン・サン将軍に黙禱を捧げる姿が見られた。彼が今もなお国民から深く敬愛されていることが分かる。

●アウン・サン将軍の遺伝子を引き継ぐスー・チー氏

国民に深く愛されたアウン・サン将軍。では、アウン・サン・スー・チー氏は単に偉大な建国の父の娘だというだけでミャンマー人に支持されているのだろうか。スー・チー氏はわずか2歳の時に父を亡くし、父親の記憶もほとんど無いという。しかし3人兄弟の中でアウン・サン将軍の遺伝子を最も引き継いでいるのがスー・チー氏だと言われている。

人に対する思いやりと欲の無さ、そして頑固な性格。その頑固さは信念と正義を持ち続け、自己犠牲をも惜しまない彼女の行動にも表れている。そして仏教の教えに定められた規則に従って生きている。これがほとんどのミャンマー人がスー・チー氏に対して持つイメージで、己を捨て民衆のために自己犠牲に徹する姿こそが、父親と同じく敬愛されている理由なのだ。

母親のキン・チー氏は、上座部仏教徒として厳しい躾《しつけ》の元で娘を育てた。時間を守ること、正直であること、キン・チー氏自らの規律正しい生き方をスー・チー氏にも教育したという。少女時代のスー・チー氏は家族で買いものに連れて行ってもらっても、信号で車が止まるたびに本を開くほどの読書家であった。この知的好奇心の強さも母親の教育の影響が大きいと言われている。

●インドに渡りガンジーの非暴力民主主義を学ぶ

スー・チー氏が15歳になった1960年、当時のウー・ヌー政権により母親のキン・チー氏は駐インド大使に任命され、スー・チー氏も家族と共にインドのニューデリーに移住する。ここから彼女の長い海外生活が始まる。1962年からデリー大学のレディ・スリラム・カレッジで政治学を学び、1964年に卒業する。

インド時代には、ビルマ独立闘争に理解が深かった当時の首相ジャワハルラール・ネルーの家族らと親交を深める。スー・チー氏は、ビルマに住んでいた頃から高い関心を抱いていたマハトマ・ガンディーの非暴力不服従運動などの思想にさらに深く傾倒し、これが彼女の思想や行動にも影響を与えたと言われている。

1964～1967年まではイギリスのオックスフォード大学セント・ヒューズ・カレッジに留学し、哲学・政治学・経済学を学ぶ。1967年に学士号を取得後、ヒュー・ティンカー教授に師事。ビルマ政治史担当の助手に就任し、しばらく大学に残る。

1969年からはニューヨーク大学大学院で国際関係論を専攻して、ビルマ政治史が専門のフランク・トレイガー教授に師事した。その後国連本部の職員に採用されたため、1969年から約3年間、国連のスタッフとして働くことになる。

●マイケル・アリス氏と結婚し専業主婦へ

1972年、彼女が26歳の時、オックスフォード大学時代から親交のあった1歳年下でチベット研究者のイギリス人、マイケル・アリス氏と結婚する。アリス氏曰《いわ》く、スー・チー氏はビルマ独立闘争のリーダーであるアウン・サン将軍の娘であることで、旧宗主国のイギリス人男性と結婚することにより家族やビルマの人々に誤解を与えないか悩み、「将来国民が私を必要とした時には、私が彼らのために本分を尽くすことを手助けしてほしい」という手紙を彼に書いたという。

その後、アウン・サン・スー・チー氏はビルマ政治に身を投じていくことになるが、アリス氏はこの手紙に書かれたようにスー・チー氏をサポートする役に回る。ビルマの民主化を実現する政治活動の中で、何度も自宅軟禁をされたスー・チー氏を支え、彼女のノーベル平和賞受賞への道筋をつけたのはアリス氏だったといえるかもしれない。

その二人の硬い結びつきは、彼女の自伝映画の中で描かれたアリス氏の「僕たちには『ビルマ』という夢があった。それは何よりも強い君との絆だと思っている」という言葉に集約されている。

この結婚を機にスー・チー氏は国連事務局を退職し、専業主婦となる。1973年にイギリスに戻り、長男のアレキサンダーを、1977年には次男のキムを出産し、研究者の夫を支えながら子育てをする生活を送る。

アウン・サン将軍と家族。中央下が幼い頃のスー・チー氏

●母の危篤で祖国に戻り民主化運動を率いる運命に

１９８８年3月31日、スー・チー氏はビルマからの国際電話で母キン・チーの危篤を知らされる。病気の母を一刻も早く看護するため、4月2日に彼女はビルマに戻った。彼女が母親の元に戻り看病を始めた時期は、ビルマ全土で史上最大規模の民主化運動が起きる直前であった。

１９８7年9月の高額紙幣廃止令をきっかけに、学生を中心とした反政府運動が広がった。１９６2年から続くビルマ式社会主義下での独裁政治で、ミャンマーはアジア最貧国まで落ち込んでいたが、これに国民の不満は高まっていた。それればかりではなく、デモ中の学生が虐殺された１９８８年3月以降、軍部はさらに激化した。学生たちは根強く運動を盛り上げ、市民や公務員も参加するようになった。このため7月にはネ・ウィン将軍が辞任する。この間、「独立の父」の娘アウン・サン・スー・チー氏が帰国しているという話が広まり、学生運動家らが次々と彼女の元を訪問する。

そして、１９８８年8月8日の「８８８８」民主化運動では数千人の市民が国軍により虐殺される。彼女も祖国が軍事独裁政権から脱して民主化と人権確立を求める運動に直面していることを感じ、ついに民衆と共に立ち上がる決意をする。

8月26日、彼女はヤンゴンのシュエダゴン・パゴダの広場で50万人を前に有名な演説を行なった。「この運動は第二の独立闘争と言うことができます。今や私たちは民主主義の独立闘争に加わったのです」と。

ミャンマー全土に広がった民主化運動だが、同年9月に起きた国軍のクーデターにより誕生した軍事政権が民主化運動を徹底的に弾圧、デモは結局鎮静化することになる。

●国軍はスー・チー氏の影響力を恐れ自宅軟禁に

国内外からの批判にさらされた軍事政権は、1990年に総選挙を行なうことを約束する。アウン・サン・スー・チー氏も選挙への参加を目指し、1988年に国民民主連盟（NLD）の結党に参加し、書記長に就任する。

当時、彼女は少数民族の住む地方まで精力的な遊説を行い各地で歓迎されたが、この時、NLDの中央執行委員会議長には、スー・チー氏が尊敬するティン・ウー氏が就任した。

ティン・ウー氏はかつて国防大臣だったが解任され、それを不満に思った若い将校たちによる反乱が起こり、その責任により終身刑判決を受けている。しかし１９８０年に恩赦で釈放され、国民の根強い人気を背景として、１９８８年にスー・チー氏とＮＬＤを結党することになったのだった。

実は、ティン・ウー氏には5年ほど前に「ＭＹＡＮＭＡＲ ＪＡＰＯＮ」でインタビューを行なっており、ＴＯＰ対談という企画の中でお話を伺っている。彼は第二次世界大戦中のビルマ防衛軍で、ビルマ建国の父アウン・サン将軍のもとで共に戦った。

当時は日本の兵士から軍事教練を受けたので、日本語の上官名を記憶しており、さらに軍歌「海ゆかば」や童謡「赤とんぼ」を私に日本語で披露してくれた。

ついでながら、現在のミャンマー軍の行進曲は、一部編曲されているものの日本の軍歌「軍艦マーチ」である。

さて、スー・チー氏とＮＬＤ幹部の影響力を恐れた軍事政権は、彼女らの姿を人々の前から消し去ろうとした。１９８９年7月、国軍はスー・チー氏を突然自宅軟禁し、ＮＬＤ書記長も解任する。しかし１９９０年5月27日に行なわれた総選挙では、スー・チー氏率いるＮＬＤが定数４９２議席のうち３９２議席を獲得する圧勝を収める。

スー・チー氏と共にNLDを結党したティン・ウー氏と筆者

この選挙結果に驚いた軍政側は、約束していた政権移譲を行なわず、彼女の自宅軟禁を1995年7月までの6年間に延長した。総選挙の結果までも無効にする軍部の姿勢は国際的に激しい非難を招き、のちの2011年の民政移管まで国際的な制裁を受けることとなる。

スー・チー氏は自宅軟禁されてもなお民主化運動を主導し、1990年10月にノーベル平和賞を受賞する。しかしNLDの象徴である彼女の活動はことごとく政権の目障りとなり、このあとも延べ15年に渡る自宅軟禁生活を強いられることになる。

この間、軍政は1997年からミャンマーへの入国を求めたスー・チー氏の夫マイケル・アリス氏のビザ申請を再三拒否している。その後、アリス氏の前立腺ガンが発覚すると、軍部は「イギリスに戻って夫の側で付き添ってあげるべきだ」と、再三スー・チー氏にイギリスへ帰ることを持ちかける。

しかし、イギリスへ戻れば軍部が彼女の再入国を拒否し、二度とビルマに戻れなくなるのは明らかだった。それが分かっているアリス氏も「イギリスには来るな」と彼女を止めた。そして1999年3月、ついにアリス氏が前立腺ガンで亡くなり、スー・チー氏夫妻が今生で再会することはかなわなくなってしまった。

ようやく彼女が自宅軟禁から解放されたのは、２０１０年11月に行なわれた総選挙をＮＬＤがボイコットし、親軍政派の連邦団結発展党（ＵＳＤＰ）が圧勝した後であった。

●ＮＬＤが圧勝し遂にスー・チー氏が最高指導者に

自宅軟禁から解放されたアウン・サン・スー・チー氏は政治活動を再開する。２０１２年４月に行なわれたミャンマー連邦議会の補欠選挙では、ＮＬＤより立候補し当選を果たす。テイン・セイン大統領が「民主化」へと舵を切る中で、ミャンマー民主化に向けてのスポークスマンの役割を担わされたスー・チー氏は、世界中を巡ることになる。

２０１２年６月にはスイスはじめヨーロッパを訪問。２０１２年９月にはアメリカを訪問し、ホワイトハウスでオバマ大統領と会談を行なっている。スー・チー氏の外遊で、ミャンマーの民政移管をアピールし、経済制裁緩和の後押しになればと考えたのだ。

ミャンマー民主化の象徴として、政治と外交の場に復活したスー・チー氏の存在感が次第に大きくなっていく中、２０１５年11月８日に実施された総選挙において、ついにスー・チー氏が率いるＮＬＤが両院の４９１議席のうち３９０議席を獲得する圧勝を収める。

しかし、外国籍の配偶者、家族を持つ者は大統領になれないという国軍が制定した2008年憲法の規定により、アウン・サン・スー・チー氏の大統領就任は不可能と思われていた。

総選挙の翌年、NLD政権は大統領の上に国家顧問というポストを作り議会を通過させる。これは憲法の規定で大統領に就任できないアウン・サン・スー・チー氏に国家の最高指導権を委ねるための措置であるといわれる。国家顧問は大統領に政治上の「助言」を与えることができ、スー・チー氏の「助言」は事実上大統領への「指示」となっており、ついにアウン・サン・スー・チー氏は実質的な最高指導者に就任したのだ。

●軍部との亀裂で苦慮するスー・チー政権

国民の圧倒的な人気を背景にスタートしたスー・チー氏率いるNLD政権だが、その間の政策は必ずしも上手くはいかなかった。特にスー・チー氏とミン・アウン・フライン国軍総司令官の2人の関係は冷え切ってしまい、対話も交渉もなくなり軍部の協力を得られなくなる。そのような環境の中では大胆な政策を打ち出すこともできず、制約された部分が非常に多かった。ＮＬＤの人材不足も問題で、メンバーは民主化という高い理想を掲げはみたものの、今まで軍部が実権を握っていたため、国会運営や実務の面での経験不足は否めず、国軍とやり合える人材がいなかった。

２０１７年には、ミャンマーの西部ラカイン州で国軍がイスラム系少数民族ロヒンギャを弾圧、70万人がバングラディシュへと逃れ難民となり、さらに村を焼き討ちにするなどの暴虐を行ない国際的に厳しい批判を浴びた。しかし、アウン・サン・スー・チー氏は国軍を擁護する発言を繰り返したことで、欧米からは激しい非難の声が相次ぎ、彼女のノーベル平和賞もはく奪しろという声まで出た。

それに加え政権発足後、スー・チー氏は中国共産党に急接近していった。中国側もミャンマーを習近平国家主席の看板政策「一帯一路」の主要拠点にしようと、チャウピュー港の建設などを持ちかける。２０１７年のロヒンギャ問題で国連の安全保障理事会がミャンマー国軍に厳しい対応を求めた際にも、中国は隣国ミャンマーを擁護しその距離は縮まっていく。

２０２０年1月には習近平国家主席がミャンマーを公式訪問し、ミャンマー西部ラカイン州と中国雲南省を結ぶ中国・ミャンマー経済回廊（ＣＭＥＣ）構想（鉄道、高速道路）の推進などの覚書を締結する。

●スー・チー氏不在でも民主化の火は消えない

このような中国との蜜月ぶりに、「かつて独裁政権に抵抗していたスー・チー氏は親中派になってしまったのか」という声も聞こえてくる。特に日本人からは「スー・チー氏は親中派で嫌日だ」と評価されることが多くなった。

しかし、彼女は常にミャンマーという国のことを第一に考えている。中国の一帯一路政策に協力すると決めたことで親中だと言われるが、これもミャンマーにメリットがあるから参加を決めたのだろうし、もちろん中国との取引リスクを考えながら、欧米と日本からの支援も同時に得られる方法を考えていたのだと私は思う。

今回、クーデターによりスー・チー氏は逮捕されたが、ミャンマー国民はより一致団結し彼女を支持するようになっている。その思いは日本人が天皇陛下に向けるのと同じくらいの敬愛の深さであるように私には感じられる。人材不足と長年言われてきたNLDだが、今回、連邦議会代表委員会（CRPH）を招集して国民統一政府（NUG）を樹立、組閣し、スー・チー氏が不在の中でも民主化政権が動き出せる仕組みを整えてきている。NU

Gのメンバーの中にも国際協力省大臣のドクター・ササ氏のように、これからのリーダーとなるべき優秀な人材が出てきている。

アウン・サン・スー・チー氏によってもたらされたミャンマーの民主化だが、彼女が不在の中でもその意思を受け継いだ政府NUGと彼女を支持する国民が共に戦いを続けている。彼らは今後、内戦をも辞さない覚悟で戦い、今度こそ国軍による独裁政権を終わらせようとしているのだ。それが達成された時にこそ、スー・チー氏が求めていた真のミャンマーの民主化が訪れるのではないだろうか。

第九章　祖国のデモを支援する在日ミャンマー人たち

●増上寺の境内に揺れる祈りの炎

「PRAY FOR MYANMAR　ミャンマーのために祈る――」。お寺の境内にはLEDキャンドルで作られたメッセージが炎で揺らめく。4月18日の夜、東京・港区の増上寺では日本ミャンマー友好協会主催による「ミャンマー鎮魂と平和を祈る会」が開催され、ミャンマーのクーデターで亡くなった方々を供養し平和を祈念するイベントが行なわれた。

この催しには約1100人が集まり、多くの在日ミャンマー人も参加した。中にはミャンマーの民族衣装に身を包む人や、拘束されているアウン・サン・スー・チー氏の肖像画を持ち、その早期の解放を祈る姿もあった。

イベントは増上寺の日本人僧侶8人による読経と法話に続き、ミャンマー人僧侶3人の読経が行なわれ、参加者は手を合わせ祈りを捧げていた。その様子をスマートフォンやタブレットでミャンマーの家族や世界の友達に向けてライブ配信する姿も見られた。

会場に足を運んだミャンマー人からは、「今日は祖国・ミャンマーのために祈りを捧げに来ました。私たちも日本からミャンマーのためにできることを頑張りたいと思います」

「殺されたミャンマーの英雄たちが天国に行けるよう、早くミャンマーが平和になりますように」と、日本から祖国のことを思う言葉が聞かれた。

●3万5000人のミャンマー人が日本に住む

2月1日にミャンマーでクーデターが発生し、日本でもミャンマーで起きている国軍や警察隊による市民の虐殺や、市民たちの抗議デモを報じるニュースが増えた。それとともに在日ミャンマー人も次々と抗議の声を上げ始める。クーデターの発生した同日、東京都渋谷区の国連大学前では在日ミャンマー人ら約1000人が、国連と国際社会の支援を呼びかけるデモを行なった。拘束が報じられたアウン・サン・スー・チー氏の写真を掲げ、国連などに釈放を働きかけるよう訴えたのだ。

また2月3日には霞が関の外務省前に3000人、そして2月7日にも東京のミャンマー大使館前に約3000人の在日ミャンマー人が集まり、アウン・サン・スー・チー氏率いるNLDのシンボルカラーの赤のTシャツを着て、「ミャンマーに自由を！」とシュプレヒコールをあげ、スー・チー氏らの解放を求めた。参加者は、「国軍はもう一度、国を

増上寺で開かれたミャンマー鎮魂と平和を祈る集い

在日ミャンマー人による東京の国連大学前でのデモ

独裁時代に戻そうとしているが、私たちにとっては絶対に許されないことだ」と、抗議の声を上げていた。彼らはその後も、国軍に武器を売却しているロシア大使館などでデモを続け、5月現在も彼らの抗議活動は継続されている。

日本人の中には、デモに参加する彼らのニュースを見て、「日本にはこんなにミャンマー人が住んでいたのか」と驚いたという声も多い。

現在、日本で生活をするミャンマー人の数は約3万5000人。日本企業のビジネスマン、留学生、自らレストランを経営する人、それに1万4000人あまりの技能実習生も働いている。ミャンマー人の穏やかな性格のためか、普段あまり目立たなく感じるかもしれない。それだけに今回、東京はもちろん全国の駅前などで抗議活動を続ける彼らの姿が注目を集めている。

●東京・高田馬場は日本のリトルヤンゴン

日本各地に住む在日ミャンマー人は各地にコミュニティーを作っているが、最も有名なのは東京・高田馬場にあるミャンマー人コミュニティーだろう。ここにはミャンマーレストランが約10軒ほど集中し、そのレストランが在日ミャンマー人たちの心のよりどころとなり、時に情報交換のサロンとしての役割も果たしているのだ。

高田馬場にあるタン・スエさんが経営するミャンマーレストラン「スィゥミャンマー」は、在日ミャンマー人デモの集会所でもあるという。タン・スエさんは元ヤンゴン大学教授で、「８８８８」民主化運動の経験者でもあり今回の抗議活動の中心人物の一人であるという。

タン・スエさんの元にはデモに参加する若者たちも集まる。彼と相談したり、デモで着用する民主派ＮＬＤのテーマカラーである赤いＴシャツを用意したりしている。

2月25日、ＡＳＥＡＮ諸国の中で国軍の支持を表明した在日インドネシア大使館への抗議デモでは、現場の中心となった「ウイ・ラブ・ミャンマー・ジャパン」（ＷＬＭ）という若者のグループを中心に2時間のデモが行なわれた。

若者たちが激しくシュプレヒコールをあげて行進をする中、タン・スエさんら年長者は、デモ隊を取り囲むように配備された警察やマスコミへの丁寧な対応など裏方に徹し、若者をサポートした。そこには現地、ミャンマーの抗議デモでも見られたZ世代の若者を中心とした「８８８８」世代が後方から支えるという年代を超えた連携があった。

●ミャンマー情報交換サロンと言われるレストラン

東京にあるミャンマーレストランで、私が良く通っているお店が曙橋にある「ゴールデンバガン」だ。こちらのお店のメニューはミャンマー北部のシャン料理が中心で、「豚肉と発酵タケノコの煮込み」など発酵食材を多用したあっさりとした味付けで、日本人のファンも多い。

この店を取り仕切るオーナーのモモさんは、いつも笑顔で面倒見が良く、在日ミャンマー人はもちろんミャンマーと縁のある私のような日本人も集まってくる。そうやって彼女の元には様々な情報が集まり、私たちも彼女の話を聞きたくてまた店に通う。店はまさに彼女を中心としたサロンのような役割も果たしているのだ。

もしミャンマーのことを知りたいと考えるならば、まずは日本各地にあるミャンマーレストランに足を運んでいただけたらと思う。今回のクーデターのことを詳しく知らなくても、何ができるかも分からなくても、ミャンマーレストランに行ってミャンマー料理を食べるだけでも理解の一助になる。「ミャンマーを応援したくて食べに来ました！」と、ひ

東京・曙橋にあるミャンマーレストラン「ゴールデンバガン」

お茶の葉サラダ

ひよこ豆チャーハン

ひよこ豆豆腐揚げ

シャン風発酵タケノコと豚肉の煮込みスープ

と声かけるだけでも彼らへのサポートにも繋がると思うのだ。

●抗議活動に日本人からの批判が起こる

各国の大使館や団体などへの抗議デモ以外にも、Z世代の在日ミャンマー人は自分たちの方法でミャンマーの現状を訴えている。例えば、「ミャンマーで今、何が起きているのか？」と書かれた、日本人にもクーデターを分かりやすく解説したチラシを東京、横浜、北海道、静岡などの駅前で配布したり署名活動を行なっている。一人でも多くの日本人にミャンマーの現状に興味を持ってもらいたいと、彼らは継続的な活動を続けている。

このように日本各地で在日ミャンマー人が国軍への抗議活動を続けている中、彼らがTwitterやFacebookで活動の様子を投稿すると思わぬ反応が返ってきた。

「日本に迷惑かけるな。全員帰国しろ」「ミャンマーの問題なので自分たちで解決してください」「新型コロナウイルスの感染拡大が心配」など、ネット上では日本人のユーザーからの誹謗《ひぼう》中傷まじりの批判が起きたのだ。これに心を痛めた、抗議集会に参加していたミャンマーからの留学生ウィンさんは、手書きの日本語でメッセージをつづった。

「日本人の皆さん、コロナ禍の中でミャンマー人が多く集まり、抗議していることを申し訳なく思っております。私たち自分の国の平和と未来の夢のために頑張って生きるためなのです。現在、ミャンマーで起きている事件はもはや国内では解決できない問題となっています。ミャンマー国軍が、国民の人権を無視した行動に出ており、民主制が損なわれています。他国でしか抗議することができないことを恥ずかしく、そして申し訳なく思っております。国際連合をはじめとする先進国の方々のご理解とご協力をお願い致します（原文ママ）」

この手書きのメッセージを持ち、3本指の抗議のサインを掲げた写真を投稿すると、「ミャンマー人の皆さんが申し訳なく思うことなんてありませんよ」「これはミャンマーだけの問題じゃない。国は違うけど平和を願っています」と、ネットユーザーからの反応は大きな変化を見せる。

この投稿は1万4千回以上リツイートされ、3万5千件の「いいね」を集めた。彼女の投稿が、日本人に在日ミャンマー人の抗議活動を理解をしてもらう一助になったのだ。彼女もミャンマーにいる家族と一時的に連絡が途絶えるなど、祖国での緊迫感を肌で感じている。ミャンマーでは軍事政権による虐殺や、国軍不敬罪での逮捕などで、現地から真実を発信するのが難しくなってきている。そのような中で、在日ミャンマー人や海外にいるミャンマー人が祖国の現状を発信し続けることは、日本人や世界の人々にミャンマーに関心を持ち続けてもらう大きな力となるはずだ。

●在日ミャンマー大使館職員もCDMに参加

ミャンマー国内で起こっている市民不服従運動（CDM）だが、この運動は海外で勤務する大使館職員にも広がっている。3月6日、駐日ミャンマー大使館のアウン・ソー・モー第1書記官が自身のFacebookを通じてCDMに参加すると表明した。アウン・ソー・モー第1書記官は外務省で勤続28年を誇るベテラン外交官だ。

同書記官は「3月6日から市民不服従運動に参加する。ミャンマー国民の総意で選ばれた政府から武器を頼りに政権を奪取し、無抵抗の市民に対して発砲、殺害している軍事政権を非常に残念に思う。2020年総選挙の結果を尊重し、ただちに民主政権に戻すことを要求する」とコメントを出した。このほかに駐日ミャンマー大使館の副書記もCDMへの参加を表明している。しかしこの2人は軍事政権により解任され、パスポートを無効にされた。

これに対し日本の外務省は人道的配慮として、2人の国内滞在を当面認める方針を固めた。

海外の在外公館でも、軍事政権に抵抗するためCDMに賛同しているミャンマー大使館には米国、スイス、ドイツなどがあり、在米国ミャンマー大使館は、「軍事政権に反対し国民に寄り添う」と、さらに一歩踏み込んだ声明を出した。このように海外の大使館職員にもCDMが広がっている。

その一方で4月7日、ミャンマーのチョー・ズア・ミン前駐英大使がロンドンの大使館から閉め出され車の中で夜を過ごす事態となり、世界的なニュースとなった。前大使はクーデターを起こした国軍を批判しており、8日には軍事政権側の新任大使を認めないよう英政府に求めた。彼の話では、駐在武官が大使館職員らに対し建物から退出するよう指示し、同氏は大使を解任されたという。

チョー・ズア・ミン氏は8日朝、大使館前で広報担当者を通し「2月にミャンマーでクーデターがあったが、現在ロンドン中心部でも同じ状況が起きている」とコメントし、イギリス政府に対し軍事政権の新任大使を認めず、新たな大使館員らをミャンマーに送り返すよう強く求めた。さらに彼は、これまで働いていた大使館職員たちも「国軍総司令官のために働き続けなければ厳罰を受ける」と脅されていると述べた。国軍による強い圧力は在外公館にも及んでいるのだ。

●日本から祖国を想う有名人も発信する

日本で活躍しながらミャンマーにルーツを持つ有名人も、母国で発生したクーデターに心を痛めている。2018年公開のスティーブン・スピルバーグ監督の映画『レディ・プレイヤー1』の主要キャストに抜擢され話題を呼んだ、俳優の森崎ウィン氏。「MYANMAR JAPON」でもインタビューさせてもらったが、彼はとても素直で明るい青年だ。1990年にヤンゴンで生まれ、10歳で日本に移住。彼が生まれる2年前、ミャンマーでは民主化運動の混乱があり、母親は彼を産むとすぐ祖父と暮らした東京に移住したという。

2020年には映画『蜜蜂と遠雷』で日本アカデミー賞新人俳優賞を受賞し、同年NHKで放送されたドラマ『彼女が成仏できない理由』では、日本にやって来たミャンマー人の役を演じた。日本語、ミャンマー語、英語を話すトリリンガルで、Facebookでも多数のフォロワーを持ち、日本はもちろんミャンマーでも絶大な人気を誇っている。

その彼もクーデター発生後、現地にいる家族となかなか連絡が取れなかったことを

国内外の映画やドラマに出演し活躍する森崎ウィン氏

Twitterで告白している。3月23日には、自身が連載しているエッセーを更新し、現在の心情について吐露。

彼はTwitterで、「ミャンマーのニュース、シェアさせてください。現状のミャンマーです。読んで頂けると嬉しいです。よろしくお願いします」というコメントと共にニュース記事をリツイートし、「本当に心が痛いです」と胸の内を明かした。ファンからのコメントには「皆様、たくさん読んで頂き、たくさんのシェア、本当にありがとうございます。暗いニュースばかりで、それでも一緒に向き合ってくれてる事に、僕の心が救われてます。それ以上に、現地の方たちがもっと救われますように。ありがとうございます」と、現地の人々を想う気持ちを告白している。芸能人という政治的な意見を表明することが難しい立場で、苦悩しながらも発信を続けている。

もう一人、ファッションデザイナーとして活躍する渋谷ザニー氏もミャンマーにルーツを持つ。彼はヤンゴンで生まれたが、幼かった頃、父がミャンマーの民主化運動に参加しており、1988年の軍事クーデター後、弾圧を逃れて1993年、8歳の時に母親とともに政治難民として来日した。学生時代からモデルとして活躍後、ファッションデザイナーに転身し2011年にブランド「ZARNY（ザニー）」を立ち上げ、日本とミャンマーを融合させたデザインで注目を浴びる。

自身が政治難民ということがきっかけで、国連UNHCR協会の仕事にも携わる。軍事クーデター発生後の経済混乱で、すでに食料不足が深刻化し始めているミャンマーを日本から救うべく、食費などの支援をするための「フル・ムーン基金」を立ち上げ、自身の知名度を生かした祖国への支援を行なっている。Twitterでも現地のニュースを日本語で積極的に発信し、日本人へミャンマーの現状を伝えている。

●ミャンマーからの技能実習生が敬遠され始める

ビジネスマン、留学生、レストラン店主、芸能人と、それぞれの立場で祖国の抗議活動を応援する在日ミャンマー人の人々。彼らの活動によって、ミャンマーの実態を知る日本人も多くなってきている。

その一方で残念な動きも出てきている。2019年頃からミャンマー人技能実習生の人気が急増して、「実習生にはミャンマー人がいいと聞いた」という、日本の企業、介護施設の担当者が目に見えて増えてきていた。ミャンマー人の国民性が日本人と親和性が高い

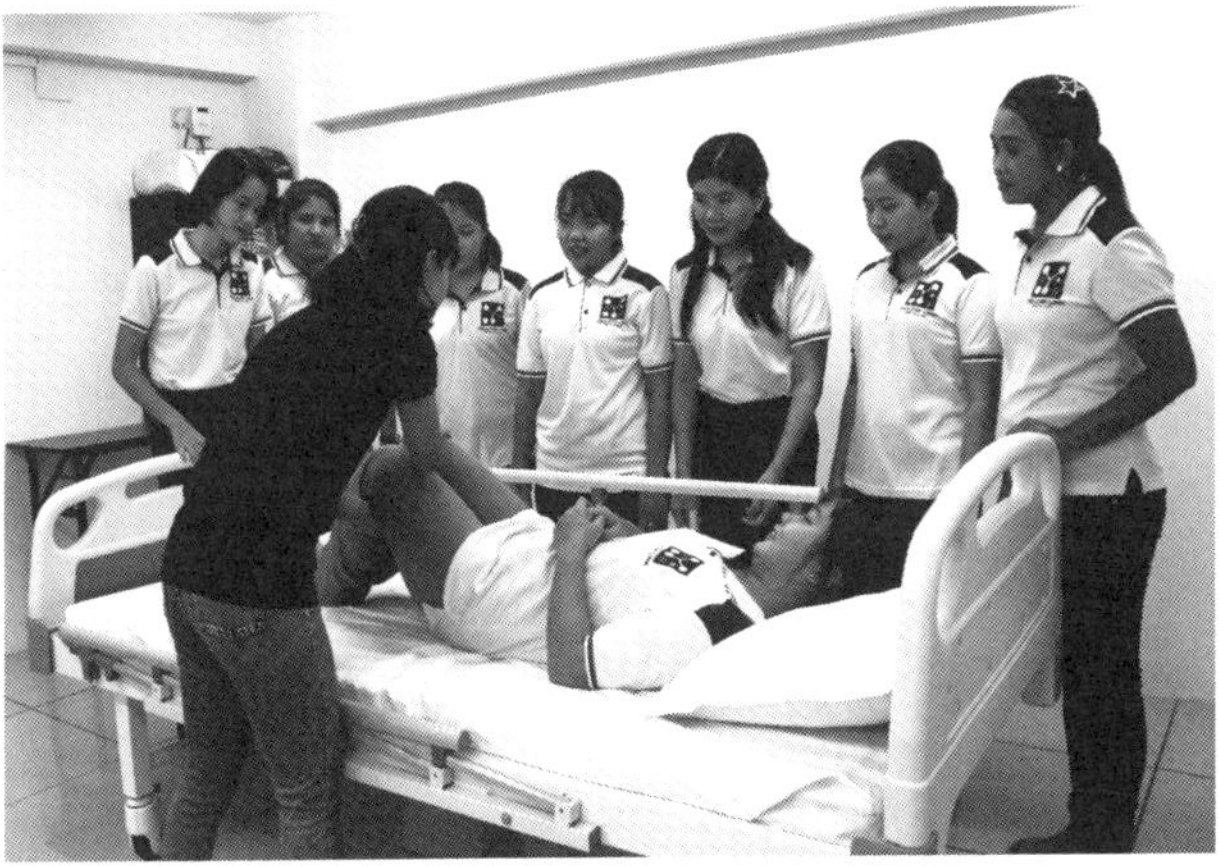

介護の現場で活躍するミャンマーの技能実習生

ことがよく知られてきたからだ。国民の平均年齢も27・7歳と若い国なので、実習生となる年齢層が極めて厚いミャンマーでなら優秀な人材を探すことができるという理由で、ミャンマー人の技能実習生を指名する企業が急激に増えたのだ。

しかし、今回のクーデターですでにミャンマー人の技能実習生の雇用を断る企業が出始めているという。現在も日本とミャンマー間の国際便は就航しているが、ミャンマー人へのビザの発給が厳しくなっているともいう。その理由には日本の新型コロナウィルス感染拡大の影響もあるが、特定技能、技能実習生として日本に入国後、難民申請をされて会社からいなくなられたら困る、そのためミャンマー人の雇用を断る、という日本側の受け入れ企業が出てきたというのだ。これはとても悲しい現実だ。

ここ数年間、人手不足を解消するためにベトナム人などと比較しても本国の労働賃金の低いミャンマー人を歓迎して、積極的に採用し働かせてもいた企業も多いのだ。本来であれば、彼らが窮地に立つ今こそミャンマー人の雇用を増やし助けるべきではないか。数年後、再びミャンマーが安定した時に、彼らからも日本を仕事先に選んでもらうために、特定技能、技能実習生を雇用する企業には、ぜひとも数年先を見据えた判断をしていただきたいと切に願う。

第十章　クーデターの先は再び軍事独裁政権か真の民主化か

●大規模デモからゲリラデモへと変化

２０２１年5月11日、ミャンマーの軍事クーデターが発生して１００日が経過した。国軍は市民へ繰り返し発砲するなど徹底した弾圧で死者は７８０人以上、拘束者も３８００人を超えるまでに増えている。そのため以前のデモのように数十万人が街頭に集結する大規模なデモを行なうことは難しくなり、抗議活動は表面上は下火になっている。しかし若者を中心とした市民の抵抗は方法を変えながらも続いている。

この日もヤンゴンやマンダレーの数カ所で抗議デモが起きた。通行人にまぎれていた人々が治安部隊の目を盗んで瞬時に集まり、横断幕を掲げ、速足で行進しながら「ミャンマーに民主化を」と叫び、わずか数分で解散する。こうした「フラッシュモブ」型と呼ばれるデモが4月下旬から連日行なわれている。

デモに参加した若者によれば、地区ごとにグループが組織され、信頼できる仲間だけに情報が伝えられ、こうやって各地でゲリラ的な抗議活動を行なうのだという。国軍からの弾圧を受け、しかも「ダラン」という国軍のスパイが潜入しており、多くの市民がデモに参加するのが難しくなる中で、「我々のような若い世代が声を上げ続けなければいけない」という。

国軍は当初の予想と異なり、これほどまで長く市民の抵抗が続くとは想像すらしていなかったのだろう。国軍不敬罪で市民や記者、芸能人などを指名手配し、逮捕を連発するのも国軍側の焦りだといえる。

クーデター後に、昨年の総選挙で圧勝したスー・チー氏らが率いる国民民主連盟（NLD）を中心に当選した議員らで構成された、連邦議会代表委員会（CRPH）による国民統一政府（NUG）が樹立、組閣され、「合法的な選挙で国民から選ばれたわれわれが真の議会であり政府である」と宣言した。しかし、国軍が設置した国家統治評議会（SAC）はCRPHとNUGについて、非合法組織として指定し、さらにはNUGが任命した閣僚26人に対し逮捕状まで出した。

●リーダー不在の革命に焦る国軍

国軍は今回のクーデターを、昨年11月の選挙で不正が行なわれたためだと主張し、当初

1年以内に改めて総選挙を実施すると宣言していた。だが4月26日、国軍報道官のゾー・ミン・トゥン少将はロシアの通信社の取材に対し、「2020年の総選挙に不正があったため、2年以内に選挙をやり直すこととした。しかし、NLDは次の総選挙には参加できない。なぜならば、国民統一政府（NUG）という政府組織を設立したこと自体が法律違反であり、犯罪行為だからだ」と回答。たとえ、軍事政権下で選挙が行なわれたとしても、前回圧勝したNLDを排除するという驚くべき方針を示した。

この軍政側のやり方に1988年の民主化デモに参加したバンディーさんはこう話す。

「軍のやり方はずっと変わらない。1990年に総選挙が行なわれNLDが圧勝した時も、国民が選んだ投票結果を武力で潰した。そしてNLDの党員と、民主活動家やデモの先頭に立っていたリーダーたちを指名手配し、ことごとく逮捕した。その時は抗議活動もヤンゴンとマンダレーの大都市だけで発生したので、1週間で鎮圧させることができた。軍はこの成功体験があるから、今回もそのやり方が通用すると思っていたのでしょう」

しかし軍政側はかつての1988年デモと同様、今回のデモでも民主活動家の抑え込みばかりに目を向けて、デモの前線に立ち本当の中心となっているZ世代を甘く見ていたふしがある。1988年の民主化運動を主導したリーダーの一人でミャンマーの民主化運動の象徴的な存在であるミン・コー・ナイン氏は、ＳＮＳを通じて抗議活動に参加するよう市民に呼びかけ、前線に立つ若い世代にもＳＮＳを通じて助言するなどサポート役として発信を続けている。

「今、電車を先導する機関車は外された、後方の各車両にはすべてエンジンが付けられた。さあ皆、自分たちで走りだそう」

今回のデモでは詩人でもある彼の書いたこの詩が、抗議活動に参加する人々のスローガンになっている。「今回の革命にリーダーはいない。自らがリーダーであり、皆が先頭に立って走りなさい」と、若者たちに呼びかけているのだ。

前線に立つＺ世代の若者一人一人が自律的に行動をしながらも団結し、前線で戦う。だから国軍側がいくらデモの参加者を捕まえても、デモを完全に抑えることはできない。ミン・コー・ナイン氏は、「現在はインターネットの発達と若い世代の台頭で、かつての民主化運動よりもさらに強い運動が起きている」と述べ、１９８８年の民主化運動を超えるミャンマー人全ての抵抗によって軍に打ち勝ち、民主主義を取り戻せると自信を示している。

このFacebookやTwitterなどのＳＮＳを駆使した抗議活動の広がりは、かつてチュニ

4月以降は若者によるゲリラデモが続けられている

ミャンマー民主化の象徴の一人、ミン・コー・ナイン氏

ジアからアラブ諸国に広がり次々と長期独裁政権を倒した「アラブの春」のような風を吹かせることになるのであろうか。

●世界は軍事政権か民主政権のどちらを選ぶのか

国軍が武力で実権を握ったミャンマーだが、国軍関係者を除いたほとんどの国民がNLDを中心に設立されたCRPHとNUGを支持しており、ミャンマー国内では二重政府状態が続いている。

国軍側は、クーデターによる政権奪取を正当化するために、外国に対してなし崩し的に軍事政権を認めさせようとしている。4月24日にインドネシアで開催されたASEAN首脳級会議には、ミャンマーからミン・アウン・フライン国軍総司令官が出席した。

ASEAN各国首脳は、ミャンマー国内でのデモの暴力的な取り締まりや参加者の殺害をやめ、政治犯を釈放するよう求めた。その中には暴力行為の即時停止を求めることや、軍民の指導者間での対話を開始すること、そのプロセスを監視するためASEAN特使をミャンマーに派遣することなど5つの項目で合意に至っている。

だがこの合意に対しミャンマー国軍側は後付けで、「国内が安定した後に慎重に検討する」と声明を出し、その後も市民への発砲を繰り返すなど流血の弾圧を続けている。国連安全保障理事会が強い制裁決議を出せない中でASEANへの期待は大きい。

しかし、ASEANですら軍事政権を続けるタイなどもあり一枚岩ではなく、互いの政治体制を認め内政不干渉を原則とするため、頑なな姿勢を見せるミャンマー国軍へ強く踏み込んだ提言をするのが難しい状況だ。

●人権のための戦いと位置付けるアメリカのバイデン政権

このASEAN会議の提言を受け、4月26日にはアメリカのバラク・オバマ元大統領が全世界の国々に向け、「クーデターで権力を掌握したミャンマーの軍事政権に毅然とした態度を取るよう」呼び掛けた。

2012年に民主化されたばかりのミャンマーを訪れたオバマ氏は、アウン・サン・スー・チー氏とも会談を行なっている。そしてさらに、「世界はミャンマーに関心を向け続けねばならない。私は国民を痛めつける暴力に愕然とし、国民の声を代表する全国的な運動に感銘を受けた」とも述べた。

アメリカのバイデン政権はクーデター発生後、いち早くミン・アウン・フライン総司令官ら軍幹部に対するアメリカへの入国禁止や資産凍結で国軍への制裁を発動している。普段は国際的な発言を控えているオバマ氏だが、「民主主義を取り戻すために、ミャンマーの国軍に犠牲を払わせる」とするバイデン政権や各国政府の取り組みを支持した。

米国は民主主義と人権の尊重を推進するため、ミャンマーのクーデターへは断固たる対応を取り、東南アジアの要に位置するミャンマーを再び民主主義政権に戻さなければいけないと考えている。そのために日本をはじめ同盟国と共に国軍へより一層制裁を強め、さらには中国の影響力をも弱体化させる必要があるのだ。

ミャンマー国民も、支援国で唯一国軍に実力行使ができる武力を持つアメリカの軍事介入を求めてデモを展開している。アメリカ大使館前のデモでは「MYANMAR NEED YOUR HELP」などと書かれたポスターや米国旗を掲げて米軍の介入を求め、アメリカからの支援を訴えている。

●国軍を支援も自国の利益優先の中国

今回のクーデター発生後、ミャンマー人たちの間では国軍の背後にいるのは中国だと、すぐさまSNSなどで拡散された。事実、中国は今回のクーデターをミャンマーの内政問題として扱い、国連安保理事会でも強い非難声明を出すのを阻止した。中国指導部も国軍による政権と手を組むことに、あまり良心の呵責《かしゃく》を感じていないだろう。

だがしかし、中国はミャンマー国内で自国の利益が守られるよう、政権の安定を何よりも重視する傾向がある。そのため今は軍事政権に、チャウピューから雲南省へ伸びる天然ガス・石油パイプラインを死守させるなど、後方からの支援をしている。

その一方で、中国の工場が焼き討ちに遭うなど、ミャンマー国民の反中感情がますます膨らんでいくのは中国にとっても頭の痛い状況である。それでも現状の中国は各国からの厳しい非難にさらされている今の国軍を利用し、より従順なパートナーとして味方に付けることを狙い、水面下での連携を模索しているように見える。

自国の利益が最優先の中国にとっては、生命線のパイプラインの安全や、NLD前政権との間で調印した大型開発案件などを国軍が履行せず、中国の利益が脅かされるならば、あっさりと国軍から寝返る可能性も十分に考えられる。

●武器輸出国のロシアも内政干渉と反対

アメリカ、中国がミャンマーで覇権争いを繰り広げる中で、ミャンマーへの主要な武器の輸出国であるロシアの外務省は、ミャンマー軍当局に対する制裁は無意味で非常に危険だと主張。制裁は、「互いへの対抗心を煽り、最終的にはミャンマー国民を全面的な内戦に追いやることになる」とした。

ロシアのニュースによれば、ミャンマー国軍は2月にも1500万ドル（約16億5000万円）のロシア製レーダーを購入したという。さらにロシアのフォミン国防次官は3月、ミャンマーの首都ネピドーでミン・アウン・フライン国軍総司令官と会談し、これが軍事政権を支持し正当化しているとの批判を招いている。

このようなロシアの対応に4月11日、欧州連合（EU）のボレル外交安全保障上級代表は、「ロシアと中国がミャンマーの軍事クーデターに対する国際社会の取り組みを阻害している」と批判した。クーデター発生後、EUは全加盟国によるミャンマー国軍系企業への制裁を発動する動きを見せている。

その動きに呼応しヨーロッパ有数の印刷会社で、ユーロ紙幣の印刷も行なっているドイツの印刷会社ギーゼッケ・アンド・デブリエント社が、3月末にミャンマー向けの紙幣専用紙の輸出を停止すると発表した。同社はミャンマー紙幣の専用紙を輸出していたが、ドイツに住むミャンマー人や地元の人権団体から「紙幣の印刷は軍事政権を支援することになる」との反発を受け、この措置に踏み切った。

クーデター発生後、すでにミャンマーのチャットはドルに対し20％も暴落し、今後金融破綻や銀行の倒産が懸念されている。そのためこの制裁措置は、銀行の現金の流通不足に悩む軍事政権にはさらなる打撃になるだろう。

このようにEUが軍事政権への制裁を強める中で、武器の売却による自国の利益のみを守るロシアの動きは、国際的な共同での制裁の取り組みを中国とともに阻害していると批判にさらされている。

●国軍の描くシナリオは実現するのか

欧米が制裁を強める中、中国とロシア両国は自国の利益を優先し、国軍への内政不干渉を続ける。各国が自国の思惑で動く中、ミャンマーは今後どのような方向に進むのか。2014年から5年間、駐ミャンマー大使を務めた樋口建史氏は、これからしばらくのミャンマー情勢について「残念ながら、明るい展望は描けない」と予想している。「最悪の事態としては、国軍が弾圧と殺戮《さつりく》、大量の身柄拘束で民衆に恐怖を植え付けてねじ伏せてしまう。そして次の経済政策と総選挙を実施する。総選挙を経て国軍と一体の政権をつくってしまえば、欧米や日本、ASEANも『民主政権』としてある程度認めざるを得なくなる、そう予測しているのだろう。そのために報道官から発言があったようにスー・チー氏を排除しNLDを非合法化するといった手段まで取る」

そして、国軍がコントロールした総選挙を経て、国際社会に認められる。これが国軍がそのわずかな可能性にすがりつきたいシナリオだという。

しかし実際には、市民の抵抗がさらに継続拡大し、40万人の国軍との徹底抗戦を選び、国家として体制が機能しなくなり、内戦状態に突入する可能性がある。過去の民主化デモと違い、すでに10年間の民主社会を経験してきた国民は今回のクーデターを「今まであった自分たちの民主主義を奪われた」と感じており、もう一度軍政を受け入れることはないであろうし、そして徹底的に国軍と戦うことを選ぶはずだ。

●ミャンマーに真の民主化は訪れるのか

それに呼応するように民主派政府の国民統一政府（NUG）は5月5日、人民防衛隊の設立を発表した。NUGは「現在、ミャンマー国軍が市民の殺戮など戦争犯罪を犯している」と述べ、カレン民族同盟（KNU）などの少数民族武装勢力とともに人民防衛隊を組織し、国軍を倒し、70年以上に及ぶ内戦も終わらせ、治安の回復に努めると発表した。

今までは、国軍による虐殺に無抵抗主義で対抗していた民主派政府だったが、自軍を持つことで、国軍との内戦に突入していくリスクが高い。事実すでに地方では国軍と少数民族武装勢力との戦闘が、以前にも増して激しくなっている。5月11日にはインド国境のタムー地区で、タムー人民防衛隊とミャンマー国軍が衝突し、15人以上の国軍兵士とタムー人民防衛隊1人が死亡、1人が負傷したと伝えられた。

　さらには現在、Z世代の多くの若者が少数民族の武装勢力に入隊し、軍事訓練を受け人民防衛隊に参加する準備をしているという。今まで無抵抗主義で治安部隊に抵抗していた若者たちだが、すでに800人以上もの市民が虐殺されたことで自ら武器を取り、戦う道を選ぶ者が多く出てきているのだ。

　現在の国軍と少数民族武装勢力の衝突は、少数民族の住む山間地帯などで起こっている。しかしFacebookなどSNS上では、銃や手りゅう弾を持ってマンダレーやヤンゴンなどの大都市に戻り、国軍と戦うと宣言する若者の姿が多く投稿されている。軍事訓練を受けた彼らが今後都市部に戻ってきて人民防衛隊に合流し、国軍と対峙するならば、市街戦にまで発展する可能性は十分あると思う。

　それに対して国軍側は予想を超えたミャンマー市民の抵抗に苦戦しながらも、もはやその振り上げたこぶしを下ろすことはできず全面対決になる可能性が高い。ほぼ全国民が民主派政府につき人民防衛隊とともに抵抗を続けるならば、その場合に考えられる結果はどうなるのか。それを樋口氏はこう予想する。

「もし国軍が完全に手詰まりとなり、総司令官の求心力が低下していけば、軌道修正を図

アメリカの介入を求め、アメリカ大使館前でデモをするミャンマー人

山岳地帯で武器を持ち軍事訓練を受ける若者たち（Facebookより）

るか、退役するか、軍内部でクーデターが起きるか。最悪のケースとして、かつての軍政時代のような鎖国状態に向かうこともあり得る。だが軍事政権による国の運営が破綻し国軍が追い詰められる状況になれば、その時こそ日本政府が接触し、プランを示すことができる可能性はある。そのためにも米国と認識を共有し、制裁面でも足並みを揃えておく必要がある」と、提言する。

民政移管から10年が過ぎて、すでに完全な民主化が達成されたと思われていたミャンマー。しかし今回のことで、２００８年憲法のもとで今の国軍が存在する限り、それは「ニセの民主主義」で、ミャンマーはいつでもクーデターが起き得るカントリーリスクの高い国であることが証明されてしまった。そのためにはたとえ内戦になったとしても、国軍幹部を退陣させ国軍を解体するまで国民は最後まで戦い抜くだろう。

なぜなら今、ミャンマーの人々が続けている抵抗運動は、奪われた民主主義を取り戻すための大義のある「第２の独立戦争」と言えるからだ。もしかするとこの先は本格的な内戦に突入し、多くの市民の血が流れるかもしれない。しかしその犠牲を払ってでも、民主派が政権を勝ち取り自分たちの憲法のもとで政治を行なうその時こそ、初めてミャンマーに「真の民主主義」が訪れたと言えるのだ。

それには数年という長い時間が必要だと私は予想する。しかしたとえ何年かかろうともミャンマーにその日が訪れるまで、そして大義がある限り、私も彼らと共に在り、彼らと共に歩む覚悟である。

おわりに

クーデターが発生してすでに半年近くになる。出版直前の現在でも、次々と新しいニュースが飛び込んできて、刻々と変わる現地の状況に翻弄されながら原稿に向かう日々であった。ミャンマー国軍に批判的な情報を発信し当局に拘束されていたフリージャーナリストの北角裕樹氏だが、5月13日、ミャンマー国営放送「MRTV」で突然の解放が伝えられた。現地の報道では日本財団会長の笹川陽平ミャンマー国民和解担当日本政府代表から軍事政権側への強い申し入れがあり、その結果「ミャンマーと日本の将来の関係を考慮し」起訴が取り下げられ釈放されたという。

3月に同じ国軍不敬罪で逮捕された現地メディア「DBV（ビルマ民主の声）」の記者には禁錮3年の実刑判決が言い渡されたばかりであった。かつて、「MYANMAR JAPON」の編集スタッフでもあった北角氏の釈放に心から安堵するとともに、笹川氏および丸山大使、関係者の方々のご尽力に感謝を申し上げたい。

北角氏に続きもう一人、この原稿を執筆している間に、長年の友人が理不尽な罪で当局から指名手配されることとなった。第一章で「国軍が主張する選挙の不正の矛盾」について解説をしてくれたミン・ウォン氏（仮名）だが、4月15日に突然、国軍不敬罪の罪に問われ指名手配状が出された。

親日家の彼は流暢な日本語で、FacebookなどSNSで我々に向けてミャンマーの現状を分かりやすく情報を発信していた。国軍傘下の「MRTV」では市民に恐怖を与えるため、毎日20人の指名手配者を発表しているという。当日中に、現地の知人から彼の顔写真と名前が載った指名手配者リストの画像が送られてきて、彼が治安部隊に追われているのだと知らされた。

ほかにも数十人の知人が今もなお身を潜めているが、彼は治安部隊の手が及ぶ前に首都のネピドーから脱出した。ヤンゴンに住んでいた彼の妻と子供も拘束の危険があったので、少数民族が自治を行なっている山岳地帯へとそれぞれ向かったのだ。途中9カ所に設置された検問所を突破、少数民族が統治をする村でご家族と合流できた。現在は比較的安全な部落に匿われている。今後はさらに第三国へ出国するが、私も彼のためにできる限りのサポートをしたいと考えている。

クーデター発生後もヤンゴンの「ＭＹＡＮＭＡＲ　ＪＡＰＯＮ」編集部には日本人やミャンマー人スタッフが残り、安全策を講じたうえで現地の取材や編集、情報誌の出版を続けてくれている。

日本人スタッフは、「今回のクーデターでミャンマーは一気に10年前に戻ってしまった感じで、本当にミャンマーの方々が気の毒です。その中で私たちができることは、この最前線から日本に向けてニュースを発信し続け、少しでも多くの方に現地ミャンマーの正確な情報を知ってもらうこと、それが使命だと思っています。私たちの取材や情報提供が将来のミャンマーの平和にも繋がればと願っています」と、ミャンマーへの想いを語ってくれた。

実は、私は2月2日のヤンゴン行きＡＮＡ便のチケットを予約していた。クーデターの翌日である。しかし新型コロナウィルスの感染拡大により運休、キャンセルとなった。人生に「Ｉｆ」はないが、フライトが予定通り運航され搭乗していたならば、メディアの経営者として私は「優先順位の高い」ターゲットとされていたかもしれない。かつて民主派ＮＬＤ政権の拘束された大臣らとも対談、情報誌を国軍系議員も含めて毎月ミャンマーの全国会議員６６４人に配送していたからだ。

現地の情報統制が厳しくなっていき、日本からミャンマーに入国することも危険になっていく中で、ミャンマーの現状を一人でも多くの日本人に知ってもらう。それが今回のクーデターで私に与えられた使命だと感じ、今も日々奔走している。そのために事実を確認していない情報も多いＳＮＳなどの「個人メディア」だけに頼らず、裏どりのため自社の取材ソースや現地提携メディア10数社からの情報とも照合し、できる限り正しく多くのニュースを配信するよう努めている。

今回のクーデターは、平和に暮らす我々日本人に対する警告かもしれない。筆者は今まで様々な国に住み会社を起業してきたが、日本ほど暮らしやすく平穏な国はなかった。しかし、このままではビジネスはもちろん生活にも隙や油断が生まれるのではないか。現在の日本をとり巻く環境は海外から見ればとても危うく感じるからだ。

例えば尖閣諸島や南西諸島に危機が迫っているにも関わらず、国民は無関心すぎる。自国のためなら、ミャンマー国軍のように人権や民主主義を無視する近隣国が事実として存在する。しかもその近隣国はすでに日本の領海を侵犯しており、いつ領土に侵攻してもおかしくないのだ。もしそうなれば、その領土の市民は自由を訴えるだけで不当に拘束されたり虐殺されるかもしれない。残念ながらミャンマーのように武器を持たない市民は無力だ。

ミャンマー国軍の暴虐を対岸の火事ではなく、罪のない市民が人権や自由を奪われ、虐殺されるという本質を見極めるべきだ。そしてこの脅威が間近に迫っている事実を、政府はもとより日本国民も強く自覚するべきだと思う。

本書の執筆に当たっては、約1カ月という短期間で、時系列かつ体系的に分かりやすく紹介することを第一義に努めたが、時事刻々と推移する現地の情勢をキャッチアップしきれていない部分もあるかもしれない。もし事実の誤認を含めて皆様からのお叱りの言葉があれば、ありがたくいただく所存だ。

最後になるが、今回の書籍の企画をご担当いただいた扶桑社の吉田淳担当編集長、タイトな時間の中で編集作業を行ない1冊にまとめ上げていただいた神崎夢現氏。そして編集協力として携わっていただいた初田宗久氏のサポートがなければ、この新書は決して出版されることはなかっただろう。「MYANMAR JAPON」スタッフとともに感謝の意を表したい。

そして緊迫が続くミャンマーの状況に関心を持ち、本書を手に取っていただいた読者の皆様にも心から御礼を申し上げたい。

2021年6月

永杉　豊

【参考文献】

「アウンサンスーチー　変化するビルマの現状と課題」（田辺寿夫・根本敬：角川ｏｎｅテーマ21）
「ミャンマー権力闘争　アウンサンスーチー、新政権の攻防」（藤川大樹、大橋洋一郎：ＫＡＤＯＫＡＷＡ）
「物語　ビルマの歴史─王朝時代から現代まで」（根本敬：中公新書）
「ミャンマーの柳生一族」（高野秀行：集英社文庫）
「図解　ミャンマー　早わかり」（工藤年博：中経出版）
「日本人が誤解している東南アジア近現代史」（川島博之：扶桑社ＢＯＯＫＳ新書）
「はじめてのミャンマー　現地在住日本人ライターが案内する」（板坂真季：東京ニュース通信社）
「香港危機の深層『逃亡犯条例』改正問題と『一国二制度』のゆくえ」（倉田徹、倉田明子：東京外国語大学出版会）

【写真・図解】

「ＭＪ　ＢＵＳＩＮＥＳＳ」（ＭＹＡＮＭＡＲ　ＪＡＰＯＮ）

落合清司／根本敬／大橋史彦

「ＭＹＡＮＭＡＲ　ＪＡＰＯＮ現地提携メディア」

Myanma Alinn（The New Light of Myanmar）／The VOICE Daily／7DAY DAILY／7DAY WEEKLY／MYANMAR TIMES／Radio Free Asia／DVB Burmese News／VOA Burmese News／Voice of Myanmar／Mizzima／Pen Myanmar／Kamayut Media／Khit Thit Media

【付記】

親日国ミャンマーには豊富な天然資源があり、優れた人材も多数います。そして日本には世界に誇る技術やサービス、資金があります。もし相互に足りない部分を補うことができれば、将来は必ずや両国の未来も開けるものと信じています。ミャンマーの「真の民主化」が実現されるまでミャンマーの人びとをご支援頂き、引き続きミャンマーの情報に接していただけましたら幸いです。

ミャンマーニュース専門サイト「MYANMAR JAPONオンライン」(https://myanmarjapon.com/)では、無料のニュースメールを配信しているので、ぜひご登録ください。

なお、今夏からニュースメール読者限定で、「永杉豊のミャンマーオンラインサロン(会員制)」を立ち上げます。日本のメディアでは報道されないミャンマーの政治、経済、社会、ビジネスについてフォーカスし、毎回ゲストをお招きして著者とトークセッションをする予定です。収益の一部は現地事務所を通して、困窮する一般市民の方々への食糧支援金とさせていただきます。改めてニュースメールでご案内しますので、ご興味のある方はそちらもご覧ください。

企画・編集・デザイン／神崎夢現
編集協力／初田宗久
Cover photo／MJ BUSINESS

永杉豊（ながすぎ ゆたか）
1960年神奈川県生まれ。ミャンマー及び日本でニュースメディアを経営するジャーナリスト。MYANMAR JAPON CO., LTD. CEO、MJIホールディングス代表取締役。学生時代に起業、その後米国永住権取得。ロサンゼルス、上海、ヤンゴンに移住し現地法人を設立。2013年よりミャンマーに在住。月刊日本語情報誌「MYANMAR JAPON（MJビジネス）」、英語・ミャンマー語情報誌「MJ+plus」を発行、ミャンマーニュース専門サイト「MYANMAR JAPONオンライン」を運営、3メディアの統括編集長も務める。日本ブランドの展示・販売プロジェクト「The JAPAN BRAND」、TVショッピング「TV SHOP」を企画運営。UMFCCI（ミャンマー商工会議所連盟）、JCCM（ミャンマー日本商工会議所）、ヤンゴンロータリークラブに所属。（一社）日本ミャンマー友好協会副会長、（公社）日本ニュービジネス協議会連合会特別委員。東京ニュービジネス協議会国際アントレプレナー賞受賞。

扶桑社新書 400

ミャンマー危機 選択を迫られる日本

発行日 2021年 7月 1日 初版第 1刷発行

著　　者………永杉豊
発 行 者………久保田 榮一
発 行 所………株式会社 扶桑社
〒105-8070
東京都港区芝浦1-1-1 浜松町ビルディング
電話 03-6368-8870（編集）
03-6368-8891（郵便室）
www.fusosha.co.jp

DTP制作………株式会社ムゲニウム
印刷・製本………中央精版印刷 株式会社

Printed in Japan　ISBN 978-4-594-08894-1